24H

Singapore

guide

Perfect trip for beginners & repeaters.

Let's go to exciting city Singapore

濃厚シンガポール

シンガポールといえば何をイメージしますか？
アイドル的存在のマーライオン、プリプリのチキンライス、斬新な
建築のマリーナベイ・サンズ…。初めて行く人にとっては、これと
いったイメージが浮かばないかもしれませんが、実は行けば行くほ
どハマる奥深い魅力が詰まった国です！
私がシンガポールを色に例えるなら、レインボー。中華やマレー、
インドやアラブ系などの民族が各々のコミュニティを築き、自分た
ちの文化を守りながら、ひとつの大きな虹という名の国で共存して
います。おいしいグルメや乙女心をくすぐる雑貨、楽しいアトラク
ションまで、ワクワクするモノを詰め込んだ、おもちゃ箱みたいな
シンガポール。そんな多民族でバラエティに富んだシンガポールで
濃厚な旅を楽しんで欲しい！ という想いをこの１冊に込めました。
ワクワクが止まらない、濃厚な旅になりますように。

24H Singapore guide CONTENTS

本誌をご利用になる前に

データの見方

☎ ＝電話番号　　🏠 ＝所在地
🕐 ＝営業時間・レストランでは開店〜閉店時間、施設では最終入館・
　　入場時間までを表示しています。なお記載よりも
　　早い場合や遅い場合がありますのでご注意ください。

URL ＝ HPアドレス
MAP P.000 A-0　　その物件の地図上での位置を表示しています。

🔒 ＝休み　原則として祝日や年末年始などを除いた
　　定休日のみを表示しています。無休と表記があっても旧正月
　　などの連休は休みになる場合があるので訪問前に必ず確認を。

¥ ＝料金　入場や施設利用に料金が必要な場合、大人料金を表示しています。

📍 ＝交通　交通手段や拠点となる場所からの移動の所要時間を表示しています。

💳 ＝クレジットカード支払いをできる場合は○、現金のみの場合は×としています。

レッツショッピング！

Hello! Singapore

エネルギッシュで刺激的なシンガポールへ

東京都23区とほぼ同じ面積のシンガポール。小ささを感じさせないほど、エリアによって街の雰囲気がガラリと変わる魅力いっぱいの都市です！

Katong
●
プラナカン文化が残る映えな街

シンボル☆マーライオン

時差

−1時間

日本の方が1時間進んでいます。ほとんど時差がないので、シンガポールに到着した直後から元気いっぱい行動できます。サマータイムの設定はありません。

人口

約594万人

おもな交通手段

□MRT
中心部を網羅するMRTは、頻繁に運行していて観光に最適！

□タクシー
日本に比べて料金が安く、暑いときに重宝します。

□バス
ちょっとハードルが高いですが、乗りこなせると便利！

祝日の観光に注意

旧正月は、中華系のレストランやショップの多くがクローズします。日数はお店によって違いますが、だいたい1〜3日間。また、マレー系はハリ・ラヤ・プアサやハリ・ラヤ・ハジ、インド系はディーパバリの日に休むことが多いので、旅行前にチェックしておきましょう。

天候

1年中、
高温多湿

四季はなく、乾季と雨季に分かれています。乾季にあたる2〜10月は雨が少なく空気も乾燥気味、雨季の11〜1月は雨が多く気温も少しダウン。時期に関係なくスコールが降ります。

公用語

英語
中国語（マンダリン）
マレー語、タミール語

多民族国家のシンガポールでは公用語が4つあり、共通言語として英語が話されています。英語に中国語やマレー語などを混ぜたり文法を変化させた「シングリッシュ」も国民の間で使われている独自の言語です。

レート

S$1=113円

通貨はシンガポールドル（S$）、補助単位はセント（¢）。クレジットカード払いできるところも多いですが、ホーカースなどの屋台は現金払いのみ。チップの習慣はありません。
※2024年4月現在

フライト時間

日本→シンガポール
7〜8時間

シングリッシュ会話一覧

□ いいよ！／できるよ！
Can can!
キャンキャン

□ 食べる
Makan
マカン

□ 大丈夫だよ／いいよ
Ok lah
オーケーラー

□ いらない
No need
ノニー

□ おいしい
Shiok
シオク

□ 乾杯！
Yam seng
ヤーンセーン！

面積

720 km²

物価の目安

□ ミネラルウォーター→S$1.50前後
□ チキンライス→S$10前後
□ MRT初乗り→S$1.30〜
□ タクシー初乗り→S$4.10〜

宗教

仏教、イスラム教、
キリスト教、ヒンズー教 など

Little India

Dempsey Hill & Rochester Park

ガーデン
レストランや
カフェが充実

Orchard Road

Arab Street

City

Riverside

Marina

Tiong Bahru

Chinatown

おしゃれな
ショップ巡りが
楽しめます♪

シンガポールの
ハイライトが
大集合！

アトラクション
揃いの
エンタメ☆
アイランド！

Sentosa Island

3 DAYS Perfect Planning

バラエティに富んだコンテンツが魅力のシンガポール。早朝着、深夜発の便なら直前までやりたいことが楽しめます！

Planning:
DAY1

" 初日はド定番な
シンガポールを詰め込み "

深夜便で出発すれば、シンガポールへは早朝に到着。ベーカリーカフェでサクッと朝食を済ませたら、シンボルのマーライオンと記念撮影をして王道スポットを巡りましょう。お昼にホーカースやフードコートでローカルグルメを堪能したら、ラッフルズホテルで優雅なひと時を。

AM	早朝 チャンギ国際空港到着
09:00	朝はあえて本格派ベーカリーカフェに行く →P.22
11:00	マーライオンからの王道4スポット ベストコース →P.36
12:00	ホーカース&フードコートメシはハズせません！ →P.48
14:00	ラッフルズホテルで過ごす特別な3hours →P.76

シンガポールスリング発祥のバー、「ロング・バー」(→P.78)。ノスタルジックな雰囲気満点の店内にも注目！

午後はシンガポール生まれのティーショップで
ゆっくりアフタヌーンティーやおみやげ探しを
楽しみましょう。夜からまたアクティブに行
動！足マッサージで疲れをとったら、マリーナ
エリアの夜景スポットをハシゴして、展望バー
で締めくくりです。

「ティーダブリュジー
ガーデンズ・アット・マ
リーナベイ・サンズ」
（→P.95）の高級感たっ
ぷりな店内

まるでSFのような
植物園「ガーデン
ズ・バイ・ザ・ベイ」
（→P.28）。橋を渡
ったり、珍しい植物
に出合える

Planning:

DAY2

"暑くなる前の午前中に
アクティブにGO"

2日目は早起きして朝から飛ばしていきま
しょう。いつも人でいっぱいの天空プール
は一番のりで！朝イチなら人が少なく、映
えなショットが狙えます。人気のパワスポ
で願い事をお祈りしたら、未来型植物園を
回りましょう。ランチは本格的な飲茶で。

オリジナルのドローイングを使ったキッチン雑貨を扱う「ヤニドロウ＆フレンズ（→P.80）」

"おしゃれな午後を過ごしたら今日は朝まで夜更かしコース"

セレクトショップや個人店が集まるチョン・バルは、おしゃれっ子行きつけのエリア。カフェ激戦地としても知られ、スペシャルティコーヒーやスイーツが自慢のカフェもあります。夜は、リバーサイドの安飲みできる店、深夜営業のショッピングセンターを回って、遊び尽くしましょう。

13:00 チョン・バルでショップクルーズ →P.60
ローカル雑貨ハント →P.80

14:00 誰にも教えたくないとっておきカフェ →P.84

18:00 UnderS$10安カワチャイナグッズハント！ →P.118

22:00 安くで飲み食いCAN！な3店 →P.140

00:00 ムスタファ・センターで真夜中ショッピング →P.144

話題のショッピングセンター「フナン」(→P.58)。屋内に自転車の専用レーンがある

LAST DAY

"うまうまグルメ ＋ショップクルーズで 欲張りな最終日"

最終日はグルメとショッピングを中心に。まずは、緑いっぱいの植物園で自然に癒されましょう。お昼はローカルグルメの中でも特にアツい、チキンライスを食べ比べ。話題の最旬ショッピングセンターで、トレンドアイテムをゲットしましょう。

08:00 緑の植物園で1日をスタート！→P.18

12:00 私的♡推しのチキンライスはコレ！→P.46

13:00 最旬S.C.でシンガポールのトレンドをチェック！→P.58

"夜中発の便だから叶う
おみやげ&ショーも
悔いなくFinish"

夜中発の便なら、ナイトショーまでバッチリ見
られます☆高級ホテルでアフタヌーンティーを
楽しんだら、ルックス重視なアイテムや多国籍
グッズを買い納め。サテー屋台で最後のローカ
ル気分を堪能して、旅の大トリ、ナイトショーで
締めくくり。これで悔いなく帰国できます。

プールサイドでいただく
「レスプレッソ」（→P.83）
のアフタヌーンティー。
スイーツ食べ放題のビ
ュッフェ式

you go where?

IN THE

MORNING

7:00 - 10:00

シンガポールの朝は、灼熱の太陽が本気を出す
前に動き始めましょう。特に人気のMBSの屋
上プールやシンガポール動物園は一番のりで！
開運スポットを巡ったり、未来型植物園を散歩
するのもよし。アクティブな朝の始まりです。

屋上プールの「サンズ・ス
カイパーク インフィニ
ティ プール」(→P.17)。
朝日が昇る姿をプールに
入りながら堪能しよう

01 プールサイドで朝食を

プールサイドバーでは8:00〜11:30まで朝食メニューが登場。パン盛り合わせのほか本格的な料理も。

02 プールを独り占め!

人が多いと写真を撮るだけでもひと苦労! 朝イチなら、誰もいないプールの中でベストショットも狙えます。

高層ビルを見下ろす
天空プールを独り占め

3棟のビルの頂上に船みたいな形の不思議な建造物を載せたマリーナベイ・サンズ。ビルの部分は高級ホテル、船の上部はサンズ・スカイパークと呼ばれる公園エリアとなっており、レストランやバー、展望台などがあります。このサンズ・スカイパークにあるインフィニティプールは、通称「天空プール」と呼ばれ、今やシンガポールを代表するスポットとなっています。プールを利用できるのはホテルの宿泊者だ

Best time!

07:00

映画やCMの舞台になった
マリーナベイ・サンズ
MBSウワサの
*天空プール*は
朝イチが正解!

03
寒い時はジャクジーへ！

南国でも、朝は冷えます。プールに入りっぱなしだとかなり寒いです。冷えた体は温水ジャクジーで温めましょう。

マリーナベイ・サンズ

Sands SkyPark Infinity Pool

サンズ・スカイパーク インフィニティプール

街を見下ろす天空プール

MAP P.174 E-3 ☎6688-8868 🏠10 Bayfront Ave. ⏰6:00～24:00 🚫無休 ●MRTベイフロント駅から徒歩5分（マリーナ）URL jp.marinabaysands.com

けですが、大人気なだけにいつ行ってもたくさんの人・人・人！だけど、このプールを独り占めできる、とっておきの時間があるのです。プールは早朝6時からオープンしているので、8時くらいまでなら、ゆっくりと入ることができます。プールサイドのバーも朝から営業していて、朝ごはんをプールサイドで食べる、なんて夢のような体験も可能です。シンガポールのランドマークから、特別な1日を始めてみませんか？

| ココにもあり！
MBS
（マリーナベイ・サンズ） | P.38 MBSの賢い楽しみ方
P.49 ホーカース＆フードコートメシ
P.94 王道ティーブランドでするべき4つのコト | P.126 超人気な2大ナイトショー、私はここで見る！ |

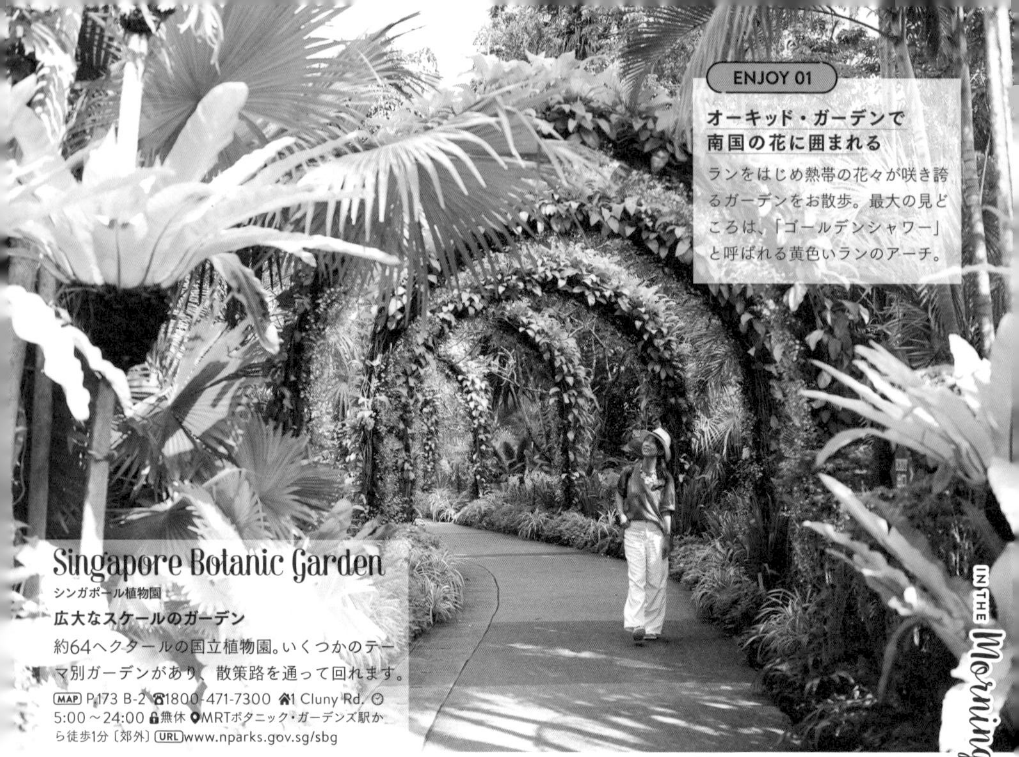

Singapore Botanic Garden

シンガポール植物園

広大なスケールのガーデン

約64ヘクタールの国立植物園。いくつかのテーマ別ガーデンがあり、散策路を通って回れます。

MAP P.173 B-2 ☎1800-471-7300 ♠1 Cluny Rd, ⏰5:00～24:00 🔒無休 ♀MRTボタニック・ガーデンズ駅から徒歩1分〔郊外〕URL www.nparks.gov.sg/sbg

Best time!

PHOTO SPOT

08:00

熱帯の植物に包まれる

緑の植物園で1日をスタート！

ナショナル・オーキッド・ガーデンの入口

ギフトショップも要チェック！

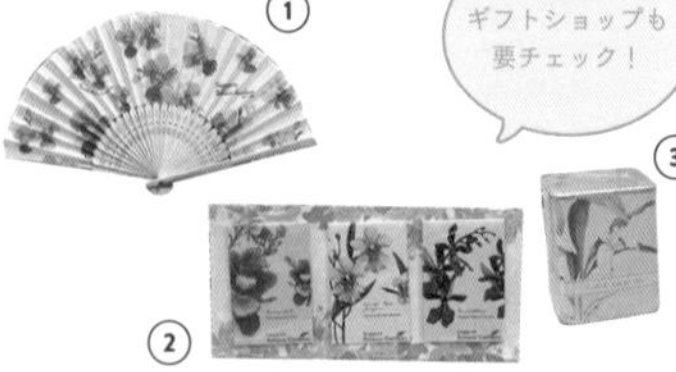

①ランの花が描かれた扇子 ②園内に咲く花をあしらったマグネット ③ハーブティー

国内唯一の世界遺産！緑の中で癒しの朝活

150年以上の歴史があるシンガポール植物園は、ローカルお気に入りの憩いの場です。

早朝から深夜まで自由に入場できますが、おすすめは朝。やわらかな朝日を受けて輝く緑の森は爽やかで、1日のスタートにぴったり。朝食をとってゆっくりと訪れましょう。ちなみにこの植物園、シンガポールでは唯一となる世界遺産なんです。

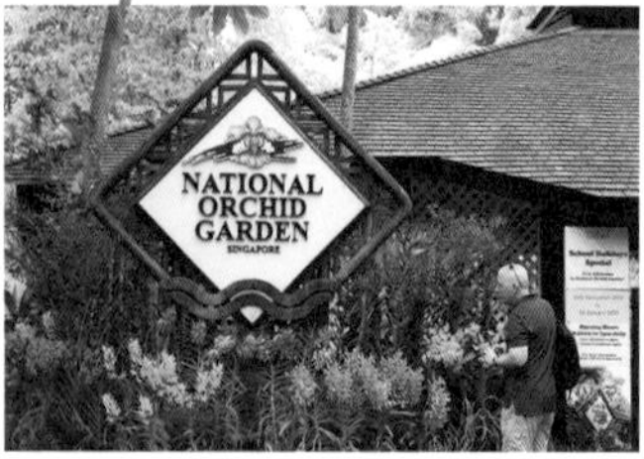

National Orchid Garden

ナショナル・オーキッド・ガーデン

熱帯の花咲く有料ガーデン

園内唯一の有料エリア。約3000種のランの花が植えられています。

MAP P.173 B-2 ⏰8:30～19:00(最終入場18:00) 🔒無休 🔳S$15

★★★ 植物園にはいくつものゲートがあります。誌面のルートで回るなら、Tyersall Gateを利用するのがおすすめ。

パンケーキスタック
S$18.50

エッグ＆スモークサーモン
S$14.30

ENJOY 02

グリーンカフェでは
ヘルシーごはんがお目当て！

植物に囲まれたカフェでの朝ごはん。園内にはいくつものカフェがありますが、おすすめはこの店。

Halia Pantry
ハリア・パントリー

園内のカジュアルカフェ

ナショナル・オーキッド・ガーデンのすぐ横にあるカフェ。そばにはランチ＆ディナー営業のレストランもあります。

MAP P.173 B-2 ☎8444-1148 ⊙9:00～17:00 🔒無休 URLthehalia.com 🗂○

1 パンケーキやオムレツなどの朝食メニューは開店から11:30まで提供 **2** 南国のビビッドな植物に囲まれて朝食がとれる

緑に囲まれて
朝食タイム♪

ENJOY 03

Tyersall Gateを中心に
1時間さんぽ

園内はすべて回ると1日がかり。場所を絞るのがコツ。ジンジャー・ガーデンや裏側を歩ける滝などが見どころ。シンフォニー・レイクではコンサートが開催されることも。

ジンジャー・ガーデン

シンフォニー・レイク

裏側を歩ける滝

1 休日には地元のファミリーの姿も **2** 世界のジンジャーが植えられている **3** 滝の裏側を歩ける遊歩道

朝食
ビュッフェ

⊙6:30 ～ 10:30
¥S$49

The Kitchen Table

キッチン・テーブル

ライブ＆オープンキッチンが楽しい！

ホテルのロビー横にあるメインダイニングで、朝食ビュッフェのほかランチ、ディナータイムもオープンしています。基本はホテルゲストのみなので、ぜひ宿泊してみてください。

MAP P.185 C-3 ☎6808-7268 🏠21 Ocean Way（ダブリュ・シンガポール-セントーサ・コーブ（→P.161）内）⊙朝食ビュッフェ 6:30～10:30 🔒無休 ♀️セントーサ・バスのW Hotel / Quayside Isleから徒歩1分〔セントーサ島〕 URL www.thekitchentable.sg

Best time!

08:00

多民族なカルチャーならでは！

世界の朝食ビュッフェが スゴすぎる〜！

おいしくって楽しい
朝食ビュッフェで世界を回る

セントーサ島の外れにあるデザイナーズホテル、ダブリュ・シンガポール-セントーサ・コーブで提供される朝食ビュッフェには、アジアから欧米まで世界の朝食が勢揃い！利用者はずらり並んだボウルから、好きな料理を好きなだけ取ってOK。オーダー形式の卵料理や好きな麺料理をカスタムできるヌードルバーもあります。ビュッフェだけじゃない、ホーカースみたいな体験型の多国籍キッチンは、「これぞシンガポール」な朝食なのです。

★★★ 卵料理は最初にオーダーを聞いてくれるので、その際に注文しましょう。

ここがスゴい！

オープンキッチンでいつもフレッシュ！

オープンキッチンから料理を補充。ヌードルバーでは、料理を目の前で作ってくれます。

ここがスゴい！

ユニークな内装

ゴージャスな内装は、デザイナーズホテルならでは！天井から逆さまになったテーブルが下がる演出にも注目。

ここがスゴい！

各国の朝食がずらり

ビュッフェとヌードルバーを回って、世界の朝食を再現しました！どの料理も手加減なしの本格派です。

選べる卵料理。左はエッグベネディクト

欧米風

インド風
ベジタブルカレーとイドリー

マレー風
マレー風朝食の代表、ナシレマ（→P.32）

中国風
中華まんやシュウマイなどの盛り合わせ！

ローカルヌードルのラクサ（→P.66）

ローカル風

2

1 各10種類以上のペイストリーとベーカリーがずらり

2 デザインのセンスも抜群！店内のあちらこちらに映えスポットがある

IN THE

Morning（07：00〜10：00）

Best time!

09:00

シンガポール生まれのとっておき3店はコチラ

朝はあえて *本格派* ベーカリーカフェ に行く

予定がつまった日の朝ごはんはサクッと軽めに済ませたいところ。そんな時には、人気のローカル生まれの本格ベーカリーカフェに行ってみましょう！

— popular —

— with —

⑤

④

⑦

⑥

Tiong Bahru Bakery

OPEN
7:30

チョン・バル・ベーカリー

フランス仕込みの超人気店！

ベーカリーカフェの先駆け。フランスの有名ブーランジェリーが手がけていて、オープン以来圧倒的な人気を維持しています。イチオシはサクサク食感のクロワッサン。キュートな内装にも注目です！

MAP P.184 F-4 ☎6220-3430 ⌂56 Eng Hoon St., #01-70 🕐7:30〜20:00 🔓無休 ⦿MRTチョン・バル駅から徒歩15分（チョン・バル）URL www.tiongbahrubakery.com

3

3 国内に全6店舗を展開している

④ラテS$6はラテアートが素敵！ ⑤常に焼きたてが並ぶクロワッサンS$4.20 ⑥サーモン＆ほうれん草のキッシュはサラダ付きでS$15.50 ⑦やさしい甘さのクイニーアマンS$6.90

★★★ チョン・バル・ベーカリーのオリジナルバッグやTシャツはおみやげにもおすすめ。

022

1 全面ガラス張りの窓から見える緑に癒される 2 支店の中でいちばんメニューが豊富

③フルーツやグラノーラがのったダッチ・ベイビー・パンケーキS$22.30 ④甘さ控えめのキャロット・ケーキS$7.80 ⑤肉たっぷりのシェパードパイS$8.80は、イギリスの伝統食

Baker & Cook
ベーカー・アンド・クック

OPEN 8:00

緑に囲まれたガーデンベーカリー

ホテルやショッピングセンター内に入るローカルチェーン店。自然あふれるデンプシー・ヒルにあるイートインスペースを広く設けた店舗が人気。ここでしか食べられない特別メニューが楽しめます。

MAP P.173 A-2 ☎8588-3764 ⚑30C Loewen Rd. ⏰8:00〜22:00 🔒無休 ⚲中心部からタクシーで20分〔郊外〕URLwww.bakerandcook.biz🚇○

③あっさりとしたブリオッシュのレモンチキンサンドイッチS$9.90 ④甘さが染み込んだベストセラーのシナモンパンS$3.50 ⑤チョコたっぷりのチョコクロワッサンS$4.50

Bread & Hearth
ブレッド・アンド・ハース

OPEN 7:30

お客さんが絶えない実力派！

開店と同時に続々と客が訪れる隠れ人気店。奥の厨房から天秤に載って運ばれてくる焼きたてパンが店頭に並び、見ているだけで食欲をそそられます。ハンバーガーなどのガッツリ系も好評です。

MAP P.184 E-3 ☎6348-8068 ⚑30 East Coast Rd. #02-27(カトン・ブイ内) ⏰7:30〜18:30 🔒無休 ⚲中心部からタクシーで20分〔カトン〕 URLwww.breadhearth.com🚇○

1 地元客のほとんどがテイクアウト利用 2 店内はこぢんまりとしているがぬくもりがあって居心地がいい

©Mandai Wildlife Reserve

Singapore Zoo

Breakfast in the Wild
ブレックファスト・イン・ザ・ワイルド
🕘9:00 〜 10:30
🔒無休 ¥S$47
（＋入園料が必要）

所要 **3時間〜**

\Start!/

09:00 動物たちと一緒に朝ごはん♪
動物園の人気者と朝ごはんが食べられる人気イベント。飼育員のガイドや動物との記念撮影もできます。

動物たちが登場するのは9:30〜

IN THE *Morning* (07:00-10:00)

**檻も柵もない!?
開放感MAXな動物園**

世界的にも有名なシンガポール動物園は、動物好きにはたまらないアニマルパラダイス。体力のある朝から気合を入れて行きましょう！

朝イチで体験してほしいのが、動物たちと一緒に朝食が楽しめるイベント。間近でかわいい姿を見られて、ツーショットも撮れます。300種4200匹以上の動物たちがいる園内は広大なのでアプリを活用して計画的に行動しましょう。檻や柵を使わず木や堀などを工夫して動物との距離が近く感じられます！プレゼンテーションもありますが、個人的にはフィーディング体験がおすすめ。リバーワンダー（→P.70）やナイトサファリ（→P.122）、バードパラダイス（→P.113）も隣接しているので、アニマルづくしな1日を楽しむのもアリです！

★★★ 飼育員による動物の生態について学べるイベントKeeper Talkも開催。詳細はウェブサイトで確認を。

©Mandai Wildlife Group

動物との距離ゼロセンチ!?

フラジャイル・フォレストでは放し飼いエリアにナマケモノやワオキツネザル、鳥などが放し飼いになっている。

ウォッチユアヘッド!

一部の動物は園内を自由に移動できる。こちらは頭上の木を移動しているオランウータン。

©Mandai Wildlife Group

Into the Wild
イントゥ・ザ・ワイルド
🕛12:00、14:30

Goal

12:00 プレゼンテーション

動物と飼育員による3つのプレゼンテーションが行われている。こちらは熱帯雨林に生息する動物たちが繰り広げる。

©Mandai Wildlife Group

テングザルの「テング」鼻が見たい!

日本ではあまりお目にかかれない、珍しい動物たちは必見!オスだけが大きい鼻を持つテングザル。オスは1頭だけなので見つけるのはやや難易度高め。

マレー半島に生息するマレートラ。行動が比較的活発な午前中に行くのがおすすめ!

マレートラに惚れ惚れ

10:45 フィーディング体験

> 近くで見たらもっとかわいい♡

餌やりができる動物は全部で5種類、S$8。ゾウ (9:30、11:45、16:30)、キリン (10:45、13:50、15:45)、シロサイ (13:15)、ゾウガメ (13:15)、シマウマ (10:15、14:15)。

Singapore Zoo
シンガポール動物園

レアな動物にも会える!

子どもから大人まで楽しめる人気の動物園。26ヘクタールもの敷地に自然豊かな環境を再現し、さまざまな種類の動物を展示。各展示に動物の生態が学べるパネルがあり、楽しみながら学べる工夫が施されています。

MAP P.171 C-2 ☎6269-3411 🏠80 Mandai Lake Rd. 🕗8:30〜18:00 🔓無休 ¥S$49 🚩中心部からタクシーで約30分。公共の交通機関の場合は、MRTのカティブ駅からマンダイ・ワイルドライフ・リザーブに行くシャトルバスが運行している。料金はS$3で、イージー・リンク・カードが利用できる。中心部からは1時間〜1時間30分程度[郊外] URL www.mandai.com/ja/homepage/singapore-zoo.html

---

＼ 攻略ポイント! ／

✓ チケットの購入について

チケットは基本、公式ウェブサイトまたはアプリでのオンライン購入となる。カード決済後送られてくるバーコード付きeチケットをスマホにダウンロードし、各園の入口で提示する。

✓ 公式アプリを活用する

マンダイ・ワイルドライフ・リザーブの公式アプリでは、地図のほかイベント、プレゼンテーションプログラムのスケジュールなどがチェックできる。

Mandai

風水に基づいた
開運スポットを回ろう

人口の大半を華人（中国系移民）が占めるシンガポールでは、仏教や風水の思想を大切にしています。

国内各地に寺院や風水に基づいた建物などのパワースポットがありますが、特に効果があると知られているのが、ブッダ・トゥース・レリック・テンプル、観音寺、富の噴水の3カ所です。お参りにおみくじ、噴水巡りをして運気をアップさせましょう。それぞれのお参りの方法やおみくじの引き方が決まっているので、チェックするのも忘れずに。

風水でパワーチャージ！

寺院が建つのは、特に風水の力が強い場所。入ってすぐ正面にある香炉が風水の力が集まる場所なので、まずはここでお参り。

祈って回って運気を上げる

Buddha Tooth Relic Temple

ブッダ・トゥース・レリック・テンプル

チャイナタウン最大の寺院

シンガポールにおける仏教の総本山。内部は4階建てで、本堂のほか仏像やブッダの歯を収蔵・展示する博物館もあります。

MAP P.178 D-3・4 ☎6220-0220 🏠288 South Bridge Rd. ⏱7:00～17:00（2Fからは9:00～17:00）🔒無休 📍MRTマックスウェル駅から徒歩1分〔チャイナタウン〕 URL www.buddhatoothrelictemple.org.sg

運気UP♪
ウワサの*最強開運スポット*

HOW TO お参り

火の付いた線香を手に祈りを捧げる。その後に香炉に線香を突き立てる。

香炉の脇に線香が置いてあるので、数本を手に取りロウソクで火を付ける。

続いて、香炉と建物の門の方を向いてお祈りする。柏手は打たないように。

最後に本堂の方を向いて一礼し、本像である弥勒菩薩にお祈りをする。

★★★　観音寺では、おみくじを引く際に決まり事があります。詳しくは→P.70へ。

菩薩に祈って開運！

本堂1階には弥勒菩薩像があり、熱心な信者や僧が祈りを捧げている。さらに奥には小さな観音様や菩薩様が並ぶ場所が。

願いを叶えるマニ車

屋上は蘭の花が咲くガーデン。一画にある「萬佛閣」にはマニ車という仏具があり、左手を添えて3周回ると願いが叶うとか。

お守りS$10〜12もかわいい♡

開運！

恋愛運UP！

健康運UP！

Best time!

09:00

観光ついでに
効くって

噴水で金運UP！

Fountain of Wealth

富の噴水

3周回って金運UP♪

サンテック・シティ・モール内。風水で「金運」が上がるとされる場所にあり、右手で噴水に触れながら3周すると金運がアップ！

MAP P.176 F-2 ☎6266-1502 🏠3 Temasek Blvd. ⏰10:00〜12:00、14:00〜16:00、18:00〜19:30 🈚無休 ♥MRTプロムナード駅から徒歩3分〔シティ〕 URL sunteccity.com.sg/attractions

目的の噴水は中心にある

おみくじで開運

Kwan Im Thong Hood Cho Temple

観音寺

怖いほど当たるおみくじを引く

1884年建立の寺院。当たると噂のおみくじは、占い筒と赤い半月型の勝杯を使って引いてもいいか神様にお伺いをたててから引きます。

MAP P.181 B-5 ☎6348-0967 🏠178 Waterloo St. ⏰7:00〜18:30 🈚無休 ♥MRTブギス駅から徒歩5分〔アラブ・ストリート〕

おみくじは英語でも書いてあります！

1 亜熱帯や地中海などの植物を展示。季節ごとに異なる植物が楽しめる **2** 滝の上に上ることもできる。滝から放たれるミストが気持ちいい **3** カラフルな花で魅せる展示がSNS映えすると話題に **4** 高さ22mの橋を空中散歩できる

スーパーツリー・グローブ

Best time!
10:00

暑くなる前に行くのが◎！

未来型植物園はこの5つがマストです！

都会っぽいのに自然がいっぱい!?

テクノロジーと自然が一体化した植物園、ガーデンズ・バイ・ザ・ベイ。未来の世界へ飛び込んだような光景にウキウキしちゃいます。

広大な園内には日陰がほとんどないので、過ごしやすい朝がベスト。見どころはたくさんありますが、思い切って5つに絞りましょう。入口から順に見ると効率的。最初は巨大な人工ツリーが並ぶ、スーパーツリー・グローブ。オブジェっぽく見えますが、表面を覆っているのは本物の植物！ そのツリーを結ぶ橋、OCBCスカイウェイはツリーといい感じのショットが撮れるベスポジ。次は2大温室、植物や花が咲き誇るフラワー・ドームと落差35mの滝があるクラウド・フォレスト。最後は映えスポット満載のフローラル・ファンタジーへ。夜は無料のショー（→P.127）もあります。

Gardens by the Bay
ガーデンズ・バイ・ザ・ベイ

エンターテインメントな植物園

約1万9000種、150万株以上の植物がテーマ別に展示されています。他にフードコートやカフェ、高級レストラン、ギフトショップが充実。広大な敷地の移動には循環バス（1人S$3、1日乗り放題）が便利です。

MAP P.174 F-3 ☎6420-6848 🏠18 Marina Gardens Dr. ⏰5:00～翌2:00（OCBCスカイウェイ、フラワー・ドーム、クラウド・フォレスト9:00～21:00、フローラル・ファンタジー10:00～19:00、土・日曜～20:00）無休（各施設は月に1度メンテナンス休館あり）￥園内無料。OCBCスカイウェイ S$14、フラワー・ドームとクラウド・フォレスト共通チケットS$32、フローラル・ファンタジー S$20 🚇MRTガーデンズ・バイ・ザ・ベイ駅から徒歩3分（マリーナ）URL www.gardensbythebay.com.sg

★★★ 園内で最も高いスーパーツリーの上部は、展望台となっている。入場料はS$14。

クラウド・フォレスト

フローラル・ファンタジー

OCBCスカイウェイ

Ⓐ毎日手作りするパンはブリオッシュタイプ！ オリジナルのカヤジャムもほどよいまろやかさで食べるだけでやさしい気持ちになります。

生きれたい王どのラクフワ感♡

お供は定番コピ

温玉にしょう油をかけて混ぜてネ

パンに温玉をつけるのがローカル流🤙

カヤトースト
S\$1.60

温玉、2コ付き！

軽サクッ！

トラディショナル・カヤトースト・セット
S\$8

シンガポールのパン代表！

KAYA TOAST
カヤトースト

定番のカヤトーストは、ココナッツミルクや卵を使った濃厚なカヤジャムにハマる人続出！ パンの焼き加減やジャムの味はお店によってガラリと変わるので、食べ比べも楽しいです。

カヤジャムのフレンチトーストもあり！

Ⓒシンガポール全土に展開するチェーン店。こちらはコピ付きのお得セット。ピーナッツトーストやラクサなどのメニューも豊富！

Ⓑ丁寧に作った無添加のカヤジャムとふわサクな食パンがナイスコンビネーション！ オリジナルのフレンチトーストも好評です。

濃厚なカヤジャムサンド

カヤトースト
S\$5.40

Ⓐ YY Kafei Dian
ワイワイ・カフェ・ディエン
(MAP)P.176 E-2 ☎6336-8813 🏠37 Beach Rd., #01-01 ⏰7:30～19:00(土・日8:00～)は第2または第3月曜、第4または第5月曜 ♥MRTエスプラネード駅から徒歩4分[シティ] 🈂×

Ⓑ Killiney Kopitiam
キリニー・コピティアム
(MAP)P.182 F-5 ☎6734-9648 🏠67 Killiney Rd. ⏰6:00～18:00 🔓無休 ♥MRTサマセット駅から徒歩3分[オーチャード・ロード] (URL)www.killiney-kopitiam.com 🈂×

Ⓒ Toast box
トースト・ボックス
(MAP)P.174 D-3 ☎6636-7131 🏠2 Bayfront Ave., #B1-01E(ザ・ショップス・マリーナベイ・サンズ内) ⏰7:30～21:30 🔓無休 ♥MRTベイフロント駅から徒歩3分[マリーナ] (URL)www.toastbox.com.sg 🈂○

Ⓓ Ya Kun Kaya Toast
ヤ・クン・カヤ・トースト
(MAP)P.178 E-3 ☎6438-3638 🏠18 China St., #01-01 ⏰7:30～16:00(土・日曜～15:00) 🔓無休 ♥MRTテロック・アヤ駅から徒歩3分[チャイナタウン] (URL)yakun.com 🈂×

たまらんカリカリ食感！

香ばしさと温玉のまろやかさの絶妙ハーモニー♪

Ⓓ薄くカリカリなパンに、カヤジャムとバターをサンド！ 温泉卵も絡めたら無敵の濃厚カヤトーストの出来上がり！ 何度も食べたくなる味です。

カヤトーストセット
S\$5.60

ゴクゴク飲みたい

スペア・リブ・スープ
S$11.80

旨味スープ

ライスと中国茶は
マストオーダー！
昔ながらの茶器

\ 朝からがっつり！ /

BAK KUT TEH
―――― バクテー ――――

労働者が力をつけるために食べられてきたパワー飯。シンガポールでは白胡椒で味付けしたパンチの効いた潮州式がメジャーです。お酒のシメにもぴったり。

Ⓑ中心部からはやや離れるが、わざわざ食べに来る人も。ニンニク入りのスープでじっくり煮込んだスペアリブ肉がイン！ 旨味凝縮のスープは最高です！

Very
Very
Shiok!
朝
ご
は
ん

スープにひたした最高の揚げパン！

と落花生

野菜

骨つき
豚肉ドーン

Ⓐ名店のバクテーは上質な胡椒を使ったキレのある味わい。サイドメニューの揚げパンや落花生もマストトライです！

チリソースをつけてピリ辛に味変しても
Good

スペアリブ・スープ
S$8.90

元気がみなぎるパワー飯

スープはおかわり自由！

レンゲでスープを飲みながらあふれ！

Ⓑバクテーの老舗。他店のバクテーと比べるとスープの色が濃く、味のパンチも強め！ 食べやすい骨なし肉も選べます。

ポーク・リブ・スープ
S$9.80

Ⓐ **Ya Hua Bak Kut Teh**
ヤ・ファ・バクテー
MAP P.173 C-4 ☎6222-9610 🏠7 Keppel Rd., #01-05/07（PSAタンジョン・パガー・コンプレックス内）⏰7:00〜23:00（日曜〜22:00）🚫月曜 📍MRTタンジョン・パガー駅から徒歩10分〔郊外〕URL yahuabakkutteh.com.sg 🈶○

Ⓑ **Ng Ah Sio Pork Ribs Soup Eating House**
ン・ア・シオ・ポーク・リブ・スープ・イーティング・ハウス
MAP P.173 C-2 ☎6291-4537 🏠208 Rangoon Rd. ⏰9:00〜21:00 🚫無休 📍MRTファーラー・パーク駅から徒歩7分〔郊外〕URL www.ngahsio.com 🈶○

チリや醤油で味変可能

揚げペンと一緒にどうぞ！

ミックスポークのお粥 S$5

レトロな外観がかわいい

シンガポールの朝ごはんの王道です

トッピングが選べるこだわりお粥

PORRIDGE

お粥

リーズナブルで、提供時間も早くスピーディーに食べられる中国式のお粥は、朝ごはんにぴったり！ レトロな専門店で、地元の人と一緒に味わってみてはいかが？

白身魚のお粥 S$6.50

ミートボールのお粥 S$6

Ah Chiang's Porridge
アー・チャン・ポリッジ

MAP P.184 F-5 ☎6557-0084 🏠 65 Tiong Poh Rd. ⏰6:15〜22:30 🔒無休 📍MRTチョン・バル駅から徒歩13分〔チョン・バル〕🚇×

チョン・バルにある創業50年以上の中国粥の名店。魚介や豚肉、ピータンなど29種類のトッピングから選べるお粥が愛され続けています。朝早くから多くのローカルでにぎわいます。

じっくり1時間をかけて炊き上げます！

栄養たっぷりワンプレート

NASI LEMAK

ナシレマ

隣国マレーシアの朝食の定番。チキンや、魚のすり身をチリで味付けし、バナナの葉で焼いたオタなど数種類のおかずとライスを一緒に食べる栄養満点な朝食です。

THE COCONUT CLUB 椰子倶乐部 KELAB KELAPA

お店のオシャ度も高いです！

シンガポールNO.1の美しきナシレマ

クラシックナシレマ S$15

チキンかオタかチョイス

シンガポールの首相も食べにきたと言われる話題のナシレマ。こだわり抜いたごはんやおかずはどれを食べてもハズレがありません！

OR

The Coconut Club
ココナッツ・クラブ

MAP P.180 D-5 ☎8725-3315 🏠 269 Beach Rd. ⏰11:00〜22:30 🔒月曜 📍MRTブギス駅から徒歩8分〔アラブ・ストリート〕URL www.thecoconutclub.sg 🚇○

甘さ100%!

暑いときは氷たっぷり入りのアイスバージョン

Ⓐコピのアイスバージョン。ホットで飲むのがメジャーですが、ゴクゴク飲みたい時はひんやり冷えたコピをどうぞ！

コピ・ペン
S$2.90

Ⓐじょうろの形をしたポットを使って器用に淹れます。カヤトーストとセットで頼むのがローカル流！

マグカップもレトロでかわいい♡

コピ
S$2

砂糖だけが入ったコピ・オー甘さ控えめです

シンガポール流コーヒー

KOPI

──── コピ ────

シンガポール人がこよなく愛するご当地コーヒー。練乳と砂糖が入った甘〜いコピで眠気を吹き飛ばしましょう！入れる材料によって名前が変わります。

コピ（Mサイズ）
S$2.70

Ⓒシンガポール発のチェーン店のコピでサクッと糖分をチャージ☆手軽さがグッドです。

オリジナルブレンド

コピ
S$2.40

低カロリーのエバミルク入り！

コピ・シー
S$2.20

Ⓐエバミルクと砂糖が入ったコピ・シー。甘いものが飲みたいけどカロリーが気になる…という時におすすめです。

Ⓑオリジナルブレンドの伝統的な海南スタイル。店内で販売されているティーバッグ式のコピもおみやげに人気！

コピはコーヒー豆をマーガリンと砂糖を混ぜて煎ります

Ⓐ **Ya Kun Kaya Toast**
ヤ・クン・カヤトースト
DATAは→P.30

Ⓑ **Killiney Kopitiam**
キリニー・コピティアム
DATAは→P.30

Ⓒ **Toast box**
トースト・ボックス
DATAは→P.30

Ⓓ **YY Kafei Dian**
ワイワイ・カフェ・ディエン
DATAは→P.30

テ・シー
S$1.80

Ⓓコーヒーが苦手な人におすすめしたいのが、Teh（テー）。コピの紅茶バージョンでこちらもシンガポールの定番ドリンクです。テ・シーはエバミルクと砂糖入り。

レンゲでよく混ぜてね〜！

練乳入りはテー・砂糖だけはテー・オー

you go where?

IN THE

NOON

11:00 - 13:00

お待ちかねのグルメ！ チキンライスなどのローカルフードから本場顔負けな多国籍料理まで、胃袋がいくつあっても足りないぐらい、気になる料理が目白押しです。お腹を満たしたら、おしゃれエリアや最旬S.C.でショッピング三昧！

個性派な店が集まるチョン・バルのカフェ、「メルシー・マルセル」(→P.61)。フォトジェニックな内装と評判のフードが魅力

SPECIAL
01

\ START! /

国民的アイドルに
Say Hello!

子マーライオン像もいるよ!
マーライオンの後ろにいる
小マーライオン。小さくても
ちゃんと水を出しています。

Merlion Park
マーライオン公園

国を代表するシンボル

マーライオンは、顔がライオン、
体が魚というなかなかシュール
なキャラクター。すぐ横にある
桟橋からおもしろツーショット
写真を撮るのがお約束です。

MAP P.175 C-1 ◯One Fullerton ◯24
時間 🔒無休 ¥無料 ◯MRTラッフルズ・プ
レイス駅から徒歩9分(マリーナ)

水しぶき
ブシャ〜!

IN THE
noon
(11:00-13:00)

映えな
マーライオン
アイス☆

MRT Bencoolen
ベンクーレン駅

MRT Bras Basah
ブラス・バサー駅

小高い丘になった
フォート・カニング
公園は憩いの場

04

Stamford Rd.

MRT Fort Canning
フォート・カニング駅

MRT City Hall
シティ・ホール駅

Hill St.

03

TOTAL
所要
約2時間

リバークルーズは
川沿いの数カ所に
発着所がある

MRT Clarke Quay
クラーク・キー駅

02

North Canal Rd.

マーライオン
の対岸にはマ
リーナベイ・
サンズの勇姿
が!

Esplanade Bridge

01

500 m

MRT Raffles Place
ラッフルズ・プレイスへ

Best time!

11:00

シンガポールの名所がてんこ盛り!

マーライオンからの
王道4スポット
ベストコース

マリーナから川沿いを通ってシティま
で、シンガポールの名所を歩いて回り
ましょう。所要時間は約2時間。憧れ
のマー様にイケメンラッフルズ、SNS
映えスポットと、見どころ満載です!

★★★ マーライオン公園の周辺は非常に混み合うので、午前中に行くのがおすすめです。

6	
7	
8	
9	
10	
11	
12	
13	
14	
15	
16	
17	
18	
19	
20	
21	
22	
23	
0	

夜は
ライトアップ
するヨ

現在は政府機関として利用されている

👟 徒歩 8分

SPECIAL 02
シンガポール
建国の父にご挨拶

Statue of Raffles
ラッフルズ記念像

シンガポール誕生の地に立つ

シンガポールに初めて到着した西洋人、ラッフルズさんは、シンガポールの偉人伝に欠かせないお人。シンガポール川沿いには腕を組んだラッフルズの像が立っています。

MAP P.175 B-1 🏠59 Boat Quay 📍MRTラッフルズ・プレイス駅から徒歩10分〔シティ〕

ラッフルズは、シンガポールの近代化を進め、建国の礎を作った人物

SPECIAL 03
話題のカラフル建築と
一緒にハイポーズ★

Old Hill Street Police Station
オールド・ヒル・ストリート・ポリス・ステーション

SNSに引っ張りだこの元警察署

川沿いを西に進むと、レインボーカラーの建物が目に入ります。SNSを賑わせているこの建物は、旧警察署なんです。

MAP P.177 C-4 🏠140 Hill St. 📍MRTクラーク・キー駅から徒歩5分〔シティ〕

┌ クルーズ船って手もアリ！ ┐

Singapore River Cruise
シンガポール・リバー・クルーズ

シンガポール川からマリーナまでを回るクルーズ船。船上からマーライオンなど各名所を見学できます。1周約40分。

MAP P.177 B-4 ☎6336-6111 ⏰13:00～21:00(金～日曜10:00～)の間、1時間に1～2便運航 🔒無休 ¥S$28 📍MRTクラーク・キー駅から徒歩6分〔リバーサイド〕
URL rivercruise.com.sg

👟 徒歩 12分

╲ GOAL! ╱

SPECIAL 04
シンガポールの歴史を
楽しみながら学ぶ

1 見るだけでも楽しめるように工夫されている **2** スロープを降りながら眺めるデジタルアート

アプリをDLすると
スマホと連動！

National Museum of Singapore
シンガポール国立博物館

リアルな展示に注目！

シンガポールで最も古い博物館。シンガポールの歴史や文化などをリアルに再現した展示が見学できます。チームラボによるデジタルアートの展示も見逃せません！

MAP P.177 B-1 ☎6332-3659 🏠93 Stamford Rd. ⏰10:00～19:00 🔒無休 ¥S$15～ 📍MRTベンクーレン駅から徒歩3分〔シティ〕 URL www.nhb.gov.sg/nationalmuseum

Best time!

11:00

泊まらなくても大満足！

MBS の
マリーナベイ・サンズ
賢い楽しみ方

なんでも揃う最強ホテル
MBSはこう遊ぶ！

日本でもCMで話題になった、船が載ったような奇抜な見た目のホテル、MBS。ミュージアムや展望台、ショッピングセンターなどさまざまな施設があり、もはやホテルを超えたエンタメ施設です。しかも、宿泊客以外も遊べるスポットが盛りだくさん！

Marina Bay Sands
マリーナベイ・サンズ

シンガポールが誇るエンタメホテル

シンガポールのアイコンとして有名なホテル。客室数も多く施設の充実度が高いので、いつも多くの観光客で賑わっています。ナイトショーやフードコートグルメなども楽しめます。

MAP P.174 E-3 ☎6688-8868 🏠10 Bayfront Ave. 📍MRTベイフロント駅から徒歩5分〔マリーナ〕 URL www.marinabaysands.com

Sands SkyPark
サンズ・スカイパーク

でっかい船が目印！

ArtScience Museum
アートサイエンス・ミュージアム

The Shoppes at Marina Bay Sands
ザ・ショップス アット マリーナベイ・サンズ

★★★ アートサイエンス・ミュージアムは休日が特に混雑するので、平日に行くのがベストです。

Enjoy!

デジタルアートで
SNS映えを狙え!

日本でも話題のチームラボが手がけた、デジタルアートが鑑賞できる常設展「FUTURE WORLD」。触れたり、体を動かしたりしながら4つのテーマに分かれたデジタルアートを楽しめます。

ArtScience Museum
アートサイエンス・ミュージアム

MAP P.174 D-2 ☎6688-8868 ⛪6 Bayfront Ave. ◷10:00～19:00 ⬦無休 ¥S$30 ◉MRTベイフロント駅から徒歩5分〔マリーナ〕

SkyPark Observation Deck
スカイパーク展望台

(MAP) P.174 E-3 ☎6688-8868 🏠10 Bayfront Ave. ⏰11:00～21:00(時期により変動) 🚫無休 ¥ S\$32～36 📍MRTベイフロント駅から徒歩5分〔マリーナ〕

西側はビルや
マーライオンが見える！

CÉ LA VI
セ・ラ・ヴィ

レストランとスカイ・バー＆クラブラウンジがあり、営業時間は別。レストランでは週末のみブランチも食べられます。
(MAP) P.174 E-3 ☎6508-2188 🏠10 Bayfront Ave., Level 57 Tower 3 ⏰レストラン:12:00～15:00(土・日曜のみ)、17:30～22:00。スカイバー＆クラブラウンジ:16:00～深夜 🚫無休 📍MRTベイフロント駅から徒歩5分〔マリーナ〕(URL) www.celavi.com/en/singapore 📷○

Enjoy 2
最上階の絶景にうっとりしつつ、有名店でランチも楽しむ

船の部分にあたる最上階(サンズ・スカイパーク)には展望台があり、マーライオンやガーデンズ・バイ・ザ・ベイ(→P.28)などの観光名所が一望できる人気スポットです。セ・ラ・ヴィというレストラン＆バーもあり、絶景を見ながらブランチやナイトライフが楽しめます。

★★★ スカイパーク展望台があるのは、タワー3の56階。専用のエレベーターで上れます。

Enjoy 3

海外ブランドも充実！
自分へのごほうびショッピング

約270もの店舗が入るショッピングセンター。ラグジュアリーブランドからローカルブランドまで揃っています。

The Shoppes at Marina Bay Sands
ザ・ショップス アット マリーナベイ・サンズ

MAP P.174 D-3 ☎6688-8868 🏠10 Bay front Ave. ⏰10:30〜23:00（金・土曜〜23:30）（店舗により異なる）🔒無休 ⭕MRTベイフロント駅から徒歩5分［マリーナ］

①トラベルサイズのバスオイルS$47
②爽やかな香りのキャンドルS$118

Jo Malone London
ジョー・マローン・ロンドン

英国発の高級フレグランス

イギリス発のフレグランスショップ。ルームフレグランスや香水を始めとした、エレガントな香りが人気。ギフトとしてもよく選ばれます。

MAP P.174 D-3 ☎6688-7496 🏠#B2-61 ⏰10:30〜22:00（金・土曜は〜23:00）🔒無休 URL www.jomalone.com.sg 📧⭕

①クラシックなハンドバッグS$139.90
②おしゃれなサンダルS$69.90

Pedro
ペドロ

大人かわいい国内ブランド

シンガポール生まれのシューズブランド。シンプルだけれど洗練されたデザインが特徴。小ぶりなバッグのラインナップも充実しています。

MAP P.174 D-3 ☎6688-3688 🏠#B2-97 ⏰10:30〜22:00（金・土曜は〜23:00）🔒無休 URL www.pedroshoes.com 📧⭕

①BLESSシリーズのネックレス各S$273 ②ロータスモチーフのピアスS$418

suns
サンズ

プラナカンのジュエリー＆食器

タイルや食器などプラナカンの文化からインスピレーションを受けたオリジナルジュエリーを販売。食器も扱っている。

MAP P.174 D-3 ☎なし 🏠#B2-118 ⏰10:30〜22:00（金・土曜〜23:00）🔒無休 URL www.suns.com.sg 📧⭕

でパチリ ☆

シンガポールには、異国情緒満点の寺院がたくさんあります。なかでもインド系のヒンドゥー寺院とイスラム教のモスクは、カラフル＆セクシーで写真映えもばっちりなんです。

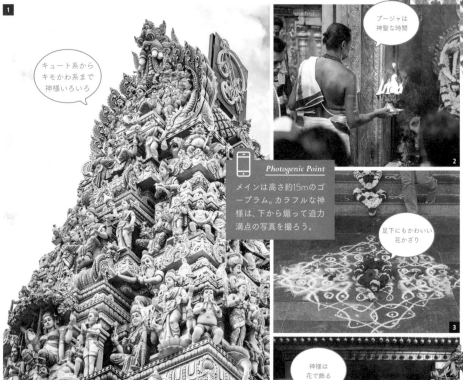

1

キュート系から
キモかわ系まで
神様いろいろ

プージャは
神聖な時間

📱 **Photogenic Point**

メインは高さ約15mのゴープラム。カラフルな神様は、下から煽って迫力満点の写真を撮ろう。

2

足下にもかわいい
花かざり

3

神様は
花で飾る

4

Sri Veeramakaliamman Temple

スリ・ヴィラマカリアマン寺院

ヒンドゥー教

カラフルな神々が勢揃い

リトル・インディアにあるヒンドゥー教の寺院。ゴープラムという楼門にはカラフルなヒンドゥーの神様の像がぎっしり！1日数回、プージャという礼拝が行われ、インド人信者で堂内はごった返します。

(MAP) P.181 B-2 ☎6293-4634 🏠141 Serangoon Rd. ⏱5:30 ～12:30、16:00 ～21:00 🔒無休 ♈MRTリトル・インディア駅から徒歩6分〔リトル・インディア〕(URL) srivkt.org

1 楼門はインド神話の世界観を表している。主神は勇ましい女神のカーリー **2** プージャは観光客でも見学可能 **3** 堂内は土足禁止。入る前に靴と靴下を脱ぎ裸足にならなくてはならない **4** 堂内のいたるところに花がある

IN THE
noon (11:00-13:00)

★★★ どちらの寺院でも、露出の高すぎる服装はNG。スルタン・モスクでは体を覆う服を貸してもらえます。

042

Best time!
11:00

異国度100%の不思議空間
フォトジェニック寺院

モスクの内部も
美しい！

モスクから南へ
行くブッソーラ・
ストリート

異国の世界へ
ひとっ飛び〜

祈りの言葉が
刻まれた祭壇

📱 *Photogenic Point*

モスクの脇にあるマスカット・ストリートからパシャリ。額縁のような枠にモスクが収まり絵のよう。

Sultan Mosque
スルタン・モスク

ムスリムたちが集う　[イスラム教]

最大5000人の信者を収容できる、シンガポール最大のモスク。よく目立つ黄金のドームの横には4本のミナレットがあります。1日5回行われる礼拝の時間は、観光客の内部見学は禁止。

MAP P.180 D-4 ☎6293-4405 🏠3 Muscat St. ⏰10:00～12:00、14:00～16:00 🔒金曜 📍MRTブギス駅から徒歩5分〔アラブ・ストリート〕URL sultanmosque.sg

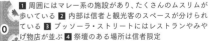

1 周囲にはマレー系の施設があり、たくさんのムスリムが歩いている 2 内部は信者と観光客のスペースが分けられている 3 ブッソーラ・ストリートにはレストランやみやげ物店が並ぶ 4 祭壇のある場所は信者限定

アートな世界に溺れる

Best time!
11:00
アートもグルメも買い物も！
ナショナル・ギャラリーを遊び倒す

National Gallery Singapore
ナショナル・ギャラリー・シンガポール
国内最大のアートギャラリー

連結した2つの建物で、8000点以上のアジアアートを展示。建物も見応え十分です。

MAP P.177 C-4 ☎6271-7000 ♠1 St Andrew's Rd., #01-01 ⏰10:00～19:00 🔒無休 ¥S$20～ 📍MRTシティ・ホール駅から徒歩5分 ［シティ］
URL www.nationalgallery.sg

1日だって遊べる！設備充実の美術館

ヨーロッパの宮殿みたいな建物は、国内最大の美術館。クラシカルな外観は、旧最高裁判所とシティホールをリノベしたものです。モダンな内部はアートはもちろん、ショップやレストランも超ハイレベル！アートな1日を過ごしましょ。

IN THE noon (11:00-13:00)

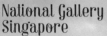

アプリで作品についての英語解説が聞ける

作品の画像をスマホに送り、壁紙などに利用できるサービスも！

① シンガポールの5ドル紙幣の裏に使われている絵『Drying Salted Fish』の原画 ② エキゾチックな作品が多い ③ 随時新作が展示される

ハマる！POINT
ART
（ アート ）

アートギャラリーはシンガポールと東南アジアの大きく2つ。19世紀から現代までさまざまな作品がある。

現代アート

③

アジアアート

②

シンガポールアート

①

★★★ ナショナル・ギャラリー・シンガポールでは、ガイドツアーも行っています。詳細はウェブサイトで。

044

シティホール時代の屋根は建物の下

シティホール時代のドーム屋根。中に入ることもできる

建物の連結部分。木を模した柱と天井が特徴的

POINT

ARCHI TECTURE
（ アーキテクチャー ）

裁判所やシティホール（旧市庁舎）として利用された時代の名残がそこかしこに見られる。2つの建物の連結部分にはアーチが架けられており、写真映えも満点。かつて裁判が行われた部屋も見学できる。

POINT

SOUVENIR & CAFE
（ おみやげ＆カフェ ）

レトロキュート♡

1階のショップではローカルアーティストの雑貨などを販売。シンガポールモチーフのグッズやアジアのファッションアイテムが揃う。

Gallery Store by ABRY
ギャラリー・ストア・バイ・アプリー
DATAは→P.81

①ホーローマグ S$19.50 ②プラナカンデザインの陶器トレイ S$255 ③プラナカンのタイルが描かれたノート S$24 ④ショッパーズバッグ S$58

①②③④

POINT

LUNCH & TERRACE BAR
（ ランチ＆テラスバー ）

館内には、ミシュラン星付きからカジュアルまでさまざまなレストランが入っている。屋上にはMBSを見渡すテラスバーも。人気＆おすすめなのはこの2軒！

1

Smoke & Mirrors
スモーク・アンド・ミラーズ
DATAは→P.138

1 マリーナベイ・サンズを見ながら休憩できる **2** キュートなカクテルもある

National Kitchen by Violet Oon
ナショナル・キッチン・バイ・バイオレット・オン
DATAは→P.52

1 内装も美しい **2** 料理は伝統的なプラナカン料理 **3** バケ買い必至のオリジナルクッキー（→P.89）

2

プラナカンレストランでランチを

1

ハマる！POINT

人工調味料は使わず、厳選したチキンを伝統的な作り方で調理。

チキン

ジンジャーソース

チリソース

ロイ・キー・ベスト・チキンライスの
チキンライスセット
S$9.80

ソイソース

チキンスープ

チキンスープで
炊いたライス

同じに見えても
実は違うチキンライス

シンガポール名物といえば、チキンライス。地元の人は必ず行きつけがあると言われるほど、数あるローカルフードの中でも特別な存在です。

基本セットは、チキン、チキンスープで炊いたライス、スープ。部位は基本的にムネかモモ肉から選べますが、プリプリのモモ肉が断然おすすめ！そのままでもいいし、ジンジャーソース、チリソース、ソイソースをつけて味変してみるのも◎。チキンの種類や焼き方、付け合わせのソースまで、店によってさまざまです。四天王と呼ばれる名店のチキンライスを味わってから、変わりダネに挑戦してみるなんてハシゴができるのも、飽きのこないチキンライスだからこその楽しみ方です。

Best time!

12:00

たっくさんある中でも特にオススメしたい！
私的♡推しの
チキンライスはコレ！

What's 四天王？
地元新聞『My Paper』による読者投票チキンライスランキング。現在は行われていませんが、2008年に選ばれた4店が四天王と呼ばれています。

Loy Kee Best Chicken Rice

四天王

ロイ・キー・ベスト・チキンライス

代々変わらぬ伝統の味

1953年創業の老舗レストラン。オープン当時から受け継いできた海南式チキンライスが味わえます。無添加のチキンを使っているので、舌触りがよくしっとりとした味わいです。

MAP P.173 C-1 ☎6252-2318 🏠342 Balestier Rd. 🕙10:00～21:30 🚫無休 🚇MRTノビナ駅から市街バス131番で9分、バス停Shaw Plaza下車、徒歩2分［郊外］ URL www.loykee.com.sg 📧○

★★★ チキンの部位は、ムネとモモ肉以外にバックやウィングを選べるお店もあります。

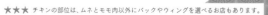

Tian Tian Hainanese Chicken Rice

ホーカース

テンテン・ハイナニーズ・チキンライス

別格のうまさが自慢

マックスウェル・フード・センター（→P.49）にある行列の絶えない有名店。コスパ最強ながら、しっとりした食感の鶏肉とパラリとしたライスはローカルも納得の味です。

チキンライス
S$6（Mサイズ）

POINT
生姜が効いたソースが染みて食欲をそそる。サイズはS、M、Lからチョイスできる。

MAP P.178 D-4 ☎9691-4852 ♠1 Kadayanallur St., No.10/11（マックスウェル・フード・センター内）⏰10:00～20:00（なくなり次第閉店）🚫月曜 ♥MRTマックスウェル駅から徒歩1分（チャイナタウン）🚇×

Liao Fan Hawker Chan

ダーク

リアオ・ファン・ホーカー・チャン

濃いめがお好きなあなたに！

ミシュランの1つ星を獲得した話題の店。オリジナルのソイソースで味付けした濃いめのチキンがベストセラー。甘じょっぱくて、ライスが進む濃厚さです。

ソイソース
チキンライス
S$6.80

POINT
ほろほろとやわらかいチキンとソイソースの絶妙なコンビネーションに脱帽！

MAP P.179 C-3 ☎6221-1668 ♠78 Smith St. ⏰10:30～19:30 🚫無休 ♥MRTチャイナタウン駅から徒歩3分（チャイナタウン）URLwww.liaofanhawkerchan.com 🚇○

Soup Restaurant

カワリダネ

スープ・レストラン

ジンジャーたっぷりの新ジャンル

薬膳料理を提供するレストランが作るのは、栄養満点なチキンライス。チキンに風味豊かなジンジャーソースをたっぷりつけて、一緒に提供されるレタスに巻いて召し上がれ！

サムスイ・
ジンジャー・チキン
S$20.90～

POINT
滋養たっぷりで体にやさしい！ムネ、モモ、バック、ウィングの4部位入り。

MAP P.182 E-4 ☎6333-6228 ♠290 Orchard Rd., #B1-07（パラゴン内）⏰11:30～22:00 🚫無休 ♥MRTオーチャード駅から徒歩10分（オーチャード・ロード）URLwww.souprestaurant.com.sg 🚇○

Chatterbox

チャターボックス

高級チキンライス

ホテル内にあるレストラン。引き締まった肉厚な鶏肉を提供。

MAP P.182 E-4 ☎6831-6291 ♠333 Orchard Rd., 5F（ヒルトン・シンガポール・オーチャード内）⏰11:30～16:30、17:30～22:30（金～日曜～23:00）🚫無休 ♥MRTサマセット駅から徒歩7分（オーチャード・ロード）🚇○

Five Star Hainanese Chicken Rice Restaurant

ファイブ・スター・ハイナニーズ・チキンライス・レストラン

しっとり感がたまらない！

高級鶏を使った、しっとりとやわらかいチキンライスが味わえます。

MAP P.184 F-2 ☎6344-5911 ♠191 East Coast Rd. ⏰10:00～翌2:00 🚫無休 ♥中心部からタクシーで20分（カトン）URL fivestarchickenrice.com 🚇○

Boon Tong Kee

ブン・トン・キー

プリプリにハマる人続出！

著名人も訪れる名店。歯応えのあるゼラチン入りの鶏肉が魅力。

MAP P.173 C-1 ☎6254-3937 ♠399/401/403 Balestier Rd. ⏰11:00～14:30LO、17:00～22:00LO（土曜11:00～22:20LO、日曜11:00～22:00LO）🚫無休 ♥MRTノビナ駅から市内バス131番で7分、バス停Bef Balestier Plaza下車、徒歩1分（郊外）URL boontongkee.com.sg 🚇○

行列が長いほど人気の証！食事時はローカルや観光客でごった返す

HOW TO ORDER

気になるストール（店舗）を見つけたらオーダー＆お会計。

ホーカースもフードコートも流れは同じ。まずはティッシュを置いて、席を確保。

ごはんが出てくるまで、脇に置いてある箸やソースを自分で用意する。

出来上がった料理を受け取り、確保した席で戻り料理をいただく。

片付けはワゴンで回っている清掃の人に託すか、近くの返却口に戻す。

Best time!
12:00

安くておいしいシンガポールメシといえば！

ホーカース＆フードコートメシはハズせません！

ホーカース

Lau Pa Sat Festival Market

ラオ・パ・サ・フェスティバル・マーケット

国内屈指の老舗ホーカース

ヴィクトリア調の建物が美しい国内最古のホーカース。オフィス街の一角にあり、清潔な雰囲気。夜には名物のサテーの屋台（→P.124）が並んでさらに賑やかさが増します。

MAP P.175 A-4 ⌂18 Raffles Quay ◯店舗により異なる 店舗により異なる ◯MRTテロック・アヤ駅から徒歩3分（マリーナ） URL www.laupasat.biz ⓘ×

リーズナブルでウマイ！
ローカルグルメが集結

ホーカースとは路上屋台という意味で、昔路上で営業していた屋台を衛生上の理由から1カ所にまとめたところ。絶品のローカル料理が良心的な値段で揃うグルメの宝庫です。公園やビル街などの人が集まる場所にあり、半屋外の造りが多くローカル感たっぷり。暑さが我慢できない時や、初めてで不安ならショッピングモール内にあるフードコートがおすすめです。

★★★ストールに貼られている現地情報誌はおいしいストールを探す目印です。

＼ コチラも！／ ＼ shiok! ／

おすすめホーカース＆フードコート

＼ so good ＼

Stall No.7
Ah Tai Hainanese
Chicken Rice

②

Fu Ji Fuzhou Fishball
Wanton Noodle

③

②テンテンの元シェフが独立したチキンライス店S$5〜 ③ほうれん草を使ったスピナッチ麺S$4〜

ホーカース

Maxwell Food Centre
マックスウェル・フード・センター

有名ストールが集まる

行列のできるストールが勢揃いの有名ホーカース。中華系のストールがほとんどです。チャイナタウンからのアクセスもよく、ローカルから観光客まで多くの人でいつもいっぱい。

MAP P.178 D-4 🏠1 Kadayanallur St. ⏰店舗により異なる 🏠店舗により異なる 📍MRTマックスウェル駅から徒歩1分[チャイナタウン]✕

1開放的な造りで初心者でも入りやすい雰囲気。名店を狙うなら早めに行動を！

フードコート

Food Republic
フード・リパブリック

内装にもこだわる

313＠サマセット（→P.149）の5階にあるフードコート。25店舗以上のストールが入っており、中華系やローカルフードが楽しめます。内装もポップで居心地よしです。

MAP P.182 E-5 📞6509-6643 🏠313 Orchard Rd., 5F[スリーワンスリー＠サマセット内] ⏰10:00〜22:00 🏠無休 📍MRTサマセット駅から徒歩1分[オーチャード・ロード] **URL** foodrepublic.com.sg✉○

1テーマごとに装飾が分かれている。ここは中華系ストールが集まるので中華風な内装

Hye Hong Fried Prawn
Noodles

②

Piao Xiang
Mala

③

②葉っぱの器で提供されるプロウン・ヌードルS$9.20 ③四川風の火鍋200gS$10〜

Lim's Yong
Tau Foo

②

Ng Ah Sio Bak
Kut Teh

③

②24時間営業のヨンタオフー S$8.80 ③こちらも24時間営業のバクテー S$11.80

フードコート

Rasapura Masters
ラサプラ・マスターズ

観光途中に立ち寄りやすい

ザ・ショップス アット マリーナベイ・サンズ（→P.41）の地下2階。定番のローカルフード店が入っており、中には24時間営業のストールもあります。

MAP P.174 D-3 🏠2 Bayfront Ave., #B2-50 ⏰店舗により異なる 🏠店舗により異なる 📍MRTベイフロント駅から徒歩5分[マリーナ] **URL** jp.marinabaysands.com/restaurants/rasapura-masters.html✉店舗により異なる

1買い物や観光途中の足休めに利用しやすいロケーション。30店舗ほどのストールがある

豆苗を練りこんだ生地で、やわらかいホタテの貝柱を丸ごと包んだ一品。豆苗帯子餃 S$5.80 Ⓑ

中にはジューシーな肉汁のエキスがたっぷり！ 飲みこぼさないよう要注意！ 包 S$8.80 Ⓐ

豚肉やチキンを包んだ湯葉巻は、たっぷりスープが染み込んで美味。頂汁鮮竹巻 S$6 Ⓑ

スチームしたライスヌードル生地でエビを包んだもの。とろりとした口当たり。原只鮮蝦腸粉 S$9.80 Ⓐ

豚肉とチキンのミンチが入ったシュウマイ。魚卵がトッピングされている。魚子蒸焼賣 S$6 Ⓑ

IN THE noon (11:00-13:00)

Best time!
12:00
本場顔負けなんです！
うまうま 飲茶 ランチ！

飲茶とはシュウマイなどの点心を中国茶と一緒に食べること。シンガポールは中華系移民が多いので、味はかなり本格的です。

Ⓒ Li Bai Cantonese Restaurant
リーバイ・カントニーズ・レストラン
素材のこだわりが光る！
シェラトン・タワーズにある広東レストラン。現地在住の日本人から絶大な人気を集める名店です。高級食材を贅沢に使い、品のある味付けに仕上げたメニューはどれも絶品！ 事前予約がおすすめ。
MAP P.182 E-1 ☎6839-5623 🏠39 Scotts Rd., B1F（シェラトン・タワーズ内） ⏰11:30〜15:00、18:30〜22:00（日曜10:00〜） 🔓無休 📍MRTニュートン駅から徒歩5分（オーチャード・ロード） URL marriottbonvoyasia.com/restaurants-bars/sheraton-towers-singapore-li-bai-cantonese-restaurant 📧○

Ⓑ Yum Cha Restaurant
ヤムチャ・レストラン
味もコスパのよさも◎
気軽に1日中飲茶が味わえる人気店。コスパがよくて種類も豊富、しかも味も抜群！ 店内をレトロなワゴンが回っている場合もあります。写真付きで見やすいメニューもうれしいポイントです。
MAP P.178 D-3 ☎6372-1717 🏠20 Trengganu St., #02-01 ⏰10:30〜21:00（土・日曜9:00〜） 🔓無休 📍MRTチャイナタウン駅から徒歩3分（チャイナタウン） URL www.yumcha.com.sg 📧○

Ⓐ Lei Garden
レイ・ガーデン
ミシュラン獲得の高級店
カトリック系の女子校を利用した複合施設、チャイムス内にある中華レストラン。内装から上品の高さがうかがえます。飲茶の時間は11:30〜15:00。北京ダックやフカヒレなどの定番も試す価値アリ。
MAP P.176 D-2 ☎6339-3822 🏠30 Victoria St., #01-24（チャイムス内） ⏰11:30〜15:00、18:00〜22:30 🔓無休 📍MRTシティ・ホール駅から徒歩5分（シティ） URL leigarden.hk 📧○

★★★ 高級中華レストランでは、点心だけでなく一品料理も絶品なので、ぜひオーダーしてみて。

脆皮燒鴨
S$24

碧緑水晶餃
S$10

冬筍鮮虾餃
S$12

XO醤炒蘿蔔糕
S$14

9
10
11
12
13
14
15
16
17
18
19
20
21
22
23
0

①外のカリカリと中の肉肉しさがたまらない！②中国野菜がぎっしりつまった水晶餃③口の中で弾けるエビシュウマイ④大根餅と野菜を甘辛のXO醤で炒めている○

ナカンレストランへようこそ♡

① エビの煮込み、ウダンゴレンチリ S$37 ② タケノコなどを手作りのパイで包んだ、クエパイティー S$19

3 カウンター席はグリーンで統一されている 4 100年前のアンティークタイルが飾られている 5 ゴージャス感マックスな店内

National Kitchen by Violet Oon

ナショナル・キッチン・バイ・バイオレット・オン

アンティークタイルに囲まれて…

ナショナル・ギャラリー・シンガポール（→P.44）の2階。料理研究家でプラナカンのバイオレット・オン氏が手がけています。

MAP P.177 C-4 ☎9834-9935 🏠1 St Andrew's Rd., #02-01（ナショナル・ギャラリー・シンガポール内）⏰12:00〜14:30、15:00〜17:00（金・日曜のみ）、18:00〜22:30 🈳無休 🚇MRTシティ・ホール駅から徒歩5分［シティ］ URL violetoon.com

マレーと中国が融合したプラナカン料理

シンガポールにはプラナカン（→P.90）という文化があります。これは中華系移民の子孫が生み出した独自の文化で、マレーと中国がミックス。衣・食・住どれを取っても、とにかく華やかなのが特徴。プラナカン料理を出すレストランでは、内装のかわいさも楽しめます。中国の食材をマレー風に調理したプラナカン料理はあとを引く辛さが特徴。最近では現代風にアレンジしたメニューも増え、ミシュラン1つ星を

★★★ キャンドルナッツは1週間前に予約しておくのがベターです。

①ラディッシュとレモングラスのサラダS$22
②ターメリックを使ったクラブカリー S$48

内装もかわいすぎるんです！
ハイレベルな プラ

③ お皿までかわいい！ ④ プラナカン陶器のモチーフで好まれる鳳凰と牡丹の絵が描かれている ⑤ 思わず写真をUPしたくなる素敵な内装

Candlenut
キャンドルナッツ

世界も認めたプラナカン料理

伝統を守りつつアレンジを加えたメニューを提供。ミシュランの1つ星を獲得したほどの実力です。プラナカン要素たっぷりなデザートもおすすめです！

MAP P.173 A-2 ☎1800-304-2288 🏠Block 17 A Dempsey Rd. ⏰12:00〜15:00、18:00〜22:00 🈺無休 📍中心部からタクシーで20分〔郊外〕 URL www.comodempsey.sg 📧○

獲得するほど世界からも認められる味になりました。

ここで紹介するお店は味はもちろん、内装のかわいさが悶絶級！ ナショナル・キッチンは壁に敷き詰められたプラナカンタイルと、それを照らすシャンデリアがなんともゴージャス！ キャンドルナッツは床一面にタイルが広がり、壁の巨大なプラナカンの絵が存在感を放っています。料理も空間も素敵すぎるプラナカンなランチタイムを楽しみましょう！

メニューは右からタピオカリーフをココナッツグレイビーで煮たシンヨン・サンタン S$11、揚げた豆腐を積み上げ、甘辛ソースにつけて食べるタフ・テルル S$14.50、チキンのスパイシーココナッツソースのアヤム・バカール・サンタン S$16、ミックス サテー S$12

Best time!

12:00

目指せ、アジア5カ国制覇！

アジアンフードで胃袋小旅行しちゃいましょう

さすがアジアの中心だけあって、各国料理が勢揃い！ 現地へ行かなくても本格的な味が楽しめるのがシンガポールの魅力です。

① 混ぜそばのようにしてかき混ぜて食べるドライフォー S$10.90 ② 10時間煮込んだ牛肉のフォー S$10.90 ③ 軽い食感がクセになる豚肉とエビの春巻き S$4.50

① ②

③

おしゃれでモダンなデザインの店内

Tambuah Mas

Indonesia

タンブア・マス

ローカルも愛する伝統の味

地元の野菜やスパイスをふんだんに使ったインドネシア料理が味わえます。あまり見かけないメニューもあり、手加減なしのローカルの味。どれも辛くはないので、食べやすいです。

MAP P.182 E-4 ☎6733-2220 🏠290 Orchard Rd. #B01-44（パラゴン内）⏰11:00～22:00 🔒無休 ♀MRTサマセット駅から徒歩10分〔オーチャード・ロード〕 **URL** tambuahmas.com.sg ✉○

Mrs Pho

Vietnam

ミセス・フォー

昔ながらのベトナム料理

食材や付け合わせのソース、インテリアに至るまですべてベトナムから取り寄せ。ベトナム人オーナーのお母さんのレシピを再現しており、昔ながらのベトナムの味が堪能できます。

MAP P.180 D-5 ☎9666-5514 🏠73 Bussorah St. ⏰11:00～22:00 🔒無休 ♀MRTブギス駅から徒歩12分〔アラブ・ストリート〕 **URL** mrspho.com ✉×

★★★ミセス・フォーのホームメイドレモネードはおかわりしたくなるほどハマります。

Ah Loy Thai

Thailand

ア・ロイ・タイ

タイから食材をそのままお届け

小さな屋台から始まり、やがて巷で評判となりレストランとして開業。代々受け継がれてきた家庭的なタイ料理を楽しめます。シンガポール人の口に合うように辛さは控えめにしています。

MAP P.176 E-1 ☎8488-6528 🏠9 Tan Quee Lan St., #01-04 ⏰11:30〜15:00、17:00〜20:30（土・日曜〜14:30、16:30〜21:00）🔒無休 📍MRTブギス駅から徒歩3分〔シティ〕🚇×

① ボリューミーなパッタイS$10.50 ② ごはんが進むガパオS$10.50 ③ ココナッツミルクで炊き上げたもち米とマンゴーのデザートS$8.50

❶ ポークカレー S$13にはスープとライスが付く ❷ ピクルスティーリーフサラダS$11 ❸ チキンカレーヌードル（モヒンガ）S$12

Inte Myanmar Restaurant
Myanmar

インレ・ミャンマー・レストラン

ミャンマーの家庭の味を伝える

中華やインド、タイの影響を受けているミャンマー料理が味わえるレストラン。辛さ控えめのカレーやココナッツミルクをたっぷり使ったヌードルなど、味のバリエが多彩なメニューが楽しめます。

MAP P.177 C-3 ☎6333-5438 🏠111 North Bridge Rd., #B1-07（ペニンシュラ・プラザ内）⏰11:00〜22:00 🔒無休 📍MRTシティ・ホール駅から徒歩3分〔シティ〕URLwww.inlemyanmar.com.sg 🚇○

---

① フィリピン定番の朝ごはん、トシログS$7.50。ガーリックライスと目玉焼き、甘めの豚肉がのる ② 豚肉と鶏肉を甘辛く鉄板で炒めたシシグS$6〜 ③ バナナをキャラメルソースで春巻きにした、定番おやつのトロンS$1.20

Kabayan Filipino Restaurant
Philippines

カバヤン・フィリピーノ・レストラン

フィリピン街の食堂

フィリピンの雑貨や食料品店が集まるビル内にある食堂。しょう油で味付けした煮込みや炒め物など甘めの料理が中心で、意外にも日本人の口に合います。バナナの春巻きなどのローカルスイーツもおすすめ。

MAP P.182 D-3 ☎6738-0921 🏠304 Orchard Rd., #03-25（ラッキー・プラザ内）⏰9:00〜21:00 🔒無休 📍MRTオーチャード駅から徒歩4分〔オーチャード・ロード〕🚇×

Best time!
12:00
ずっと居座りたくなる心地よさ
PS.カフェ が
愛される理由

**定番のおしゃれカフェは
自然たっぷりの本店で！**

国内でダントツ人気のPS.カフェ。たくさん支店はあるけど、やっぱり本店がおすすめです。緑に囲まれていて、隠れ家カフェ感がステキ。緑がきれいに映えるランチタイムに行きましょう。特等席は自然を独り占めできるテラス席。内装もこだわっていて、中でも目を引くのが店内に盛大に飾られている花。すべての支店で飾られている花。料理はどれもボリューミーでハイレベル！女子2人なら前菜、メイン、デザートを1種類ずつ頼んでシェアするのがちょうどいいかも。支店をはしごしてお気に入りを見つけるのも楽しいです。

PS.Cafe at Harding Road
ピーエス・カフェ・アット・ハーディング・ロード
シンガポールを代表するカフェ
国内に11店舗、海外展開もしているシンガポール発のカフェ。ファッションブティック内のカフェとしてスタートし、好評だったため独立したカフェとして再オープン。

MAP P.173 A-2 ☎6708-9288 🏠28b Harding Rd.
🕗8:00 ～ 21:30 🔒無休 📍中心部からタクシーで20分（デンプシー・ヒル） URL www.pscafe.com 📧○

★★★ ブティックの名前が「プロジェクト・ショップ」だったため、ピーエス・カフェと名付けられました。

コンセプト違いの支店に注目！

支店によってコンセプトが違うのも魅力です。厳選2店をご紹介！

PS.Cafe at Palais Renaissance
ピーエス・カフェ・アット・パレ・ルネサンス

買い物途中に立ち寄りたい

ショッピング街のオーチャード・ロードにあり、買い物合間の休憩での利用におすすめです。床はタイルが敷かれ、コロニアル調のシックな雰囲気。

(MAP) P.183 C-3 ☎6708-9288 🏠390 Orchard Rd., 2F（パレ・ルネサンス内）⏰11:30 ～ 21:00 🔓無休 📍MRTオーチャード駅から徒歩12分〔オーチャード・ロード〕🈶○

PS.Cafe at Ann Siang Hill Park
ピーエス・カフェ・アット・アン・シャン・ヒル・パーク

大人なカフェバー

ナイトバーが集まるアン・シャン・ヒルに佇む、おしゃれなカフェバー。18歳以上でないと入店できないため、ゆったりと大人な夜を過ごすことができます。

(MAP) P.178 D-4 ☎6708-9288 🏠45 Ann Siang Rd., #02-02 ⏰11:30 ～ 15:00、17:00 ～ 21:00 🔓無休 📍MRTテロック・アヤ駅から徒歩6分〔チャイナタウン〕🈶○

1 カフェが現れるまでのアプローチがワクワク感をそそる！ リスや小鳥が見られることもある 2 食べ応えのあるPS.バーガー S$32。ポテト付き 3 全面ガラス張りなので店内の席でも自然を存分に楽しめる 4 緑に囲まれたテラス席

Funan

フナン

最新のショッピングセンター

地上4階、地下2階。ファッションに雑貨、
飲食店など約180の店舗が入っています。

[MAP] P.177 C-3 ☎6631-9931 🏠107 North Brid
ge Rd. ⏰10:00〜22:00(店舗により異なる) 🔒無
休 🚇MRTシティ・ホール駅から徒歩4分〔シティ〕[URL]
www.capitaland.com/sg/malls/funan/en.html

Best time!
13:00

元電気屋さんを華麗にリノベート!

最旬S.C.でシンガポールの
トレンドをチェック!

町の中心にあるフナンは、元電気街ビルを改装した最新
のS.C.。シンガポールの"今"を感じられます。

Trend 02

内装もSNS映え
吹き抜けの内部にはハッシ
ュタグが書かれていたり
と、SNS映えを意識した造
りになっている。

Trend 01

屋上ガーデン
国土の狭いシンガポールだ
けに、自然をとても大切に
している。屋上ガーデンの
あるビルが増殖中。

Ⓑ

Ⓑ

Ⓐ

Ⓐ

↗麻素材のレトロなポーチ各S$16
←涼しげ素材のプルオーバーシャツ
S$89とドレス S$106

→リゾートスタイルにぴったりのノー
スリーブワンピースS$59 ↑ビビ
ッドカラーのワンピースS$75

★★★ 吹き抜けの中央にはクライミングウォールがあり、観光客でも利用できます(有料)。

↘インドの手作りシューズS$98
〜。クッション入りソールで履き
やすい ↙全身使えるオーガニッ
クのクリーム。各S$8

©

©

©

↑アフリカ産ファブリックを使ったポーチ
S$18 ↗シンガポールの木で作ったカッティ
ングボード。右S$45、左S$50

©

Trend 03

アジア発の
ファストファッション
アジアのファストファッ
ションはベーシックより
もトレンド寄り。どちらの
ブランドも日本未上陸。

Trend 05

進化形タピオカ
かわいくておいしいタピ
オカドリンク。ゴチャバー
ではスムージーが人気で、
タピオカが小振りで飲み
やすい。D

Trend 04

雑貨はエコがキーワード
グリーン・コレクティブ
は、環境に優しいグッズを
扱う店。リサイクルやハン
ドメイドの1点物が多い。

D Gochabar
ゴチャバー
カラフルなタピオカドリンク
ローカルに人気のタピオカ
バー。フルーツを使ったタ
ピオカドリンクは、どれも
彩り鮮やか！
[MAP] P.177 C-3 ☎なし ♠#02-
36 ◎11:30〜22:00 🔒無休 ⚏×

C The Green Collective
グリーン・コレクティブ
自然派セレクトショップ
雑貨から洋服までさまざま
なアイテムが並ぶ。ナチュ
ラル志向で、意識高め。
[MAP] P.177 C-3 ☎なし ♠#02-
18 ◎11:00〜21:00 🔒無休 ⚏○

B Barehands
バーレハンド
手作りにこだわる
天然素材を使い、職人が手で
作った洋服を販売していま
す。ゆったりシルエットで着
心地抜群です。
[MAP] P.177 C-3 ☎8758-2461 ♠
#02-22 ◎11:00〜21:00 🔒無
休 [URL]ourbarehands.com ⚏○

A Love, Bonito
ラブ・ボニート
**ガーリー系
ファストファッション**
東南アジアで展開するファ
ッションブランド。カラフル
パターンの洋服が人気です。
[MAP] P.177 C-3 ☎なし ♠#02-
09 ◎11:00〜22:00 🔒無休 [URL]
www.lovebonito.com ⚏○

レアなレコードが
ずらり揃う

Records

1 店の前にはグリーンが飾られ、どこか怪しげな雰囲気 **2** 常連さんが熱心にレコードを吟味中 **3** 1950年代後半に流行したアメリカンバンド、クレセンドスのレコード

Ⓐ **Ronggeng Records**
ロンゲン・レコード

チョン・バル・マーケットの一角にある中古レコード屋さん。東南アジアを中心とした独自のセレクトが光ります。

MAP P.184 F-4 ☎8606-1870 🏠30 Seng Poh Rd., #01-79(チョン・バル・マーケット内) ◯15:30～21:30(日曜11:30～20:00) 🔒月・火曜 🚇MRTチョン・バル駅から徒歩10分(チョン・バル) 🚃×

Best time!
13:00

まるで代官山?! なおしゃエリア!

チョン・バルで
ショップクルーズ

かわいいお店&カフェが集まる最旬エリア

賑やかな中心部から少し離れた場所にあるチョン・バルは、のんびりとした空気が漂うシンガポールいちのおしゃれエリア。かつては普通の住宅街でしたが、インディーズの本を扱うブックス・アクチュアリーがオープンしたのをきっかけに(現在は閉店)、センスのいいセレクトショップやカフェが集まり、ローカルからも注目の人気エリアに。

今ではチョン・バルに住みたい人も急増しています。徒歩で回れるほどの小規模なチョン・バル。店の場所は散らばっているので、ブラブラ歩いているうちに偶然ステキな店が見つかることも! ただし、個人経営の店が中心なのでオープンは遅めのところが多く、午後から行動を開始するのがベターです。

IN THE
noon (11:00-13:00)

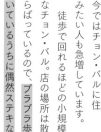

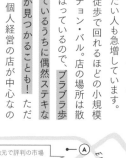

地元で評判の市場とホーカースがある → Ⓐ

Ⓓ Eng Hoon St.

Seng Poh Rd.

Yong Siak St.

この辺りにもショップやカフェが点在

路地にレトロなウォールアートあり!

Ⓑ

Ⓒ

Tiong Poh Rd.

★★★ メルシー・マルセルは使っている食器もカフェのオリジナル。ショップカードもかわいいのでぜひもらって帰りましょう。

060

毎日通いたくなる
居心地のよさ
Cafe

大人かわいい
セレクトショップ
Fashion

生活を彩る
おしゃれ雑貨
Goods

1 チアシードS$10やスイカジュースS$6.50などが人気 2 フォトジェニックな店内 3 すべての料理を店内で作っている

1 洋服はシンプルなデザインが多い 2 流行に左右されないベーシックなアイテムが並ぶ 3 繊細なピアスはS$39〜

1 食器からステーショナリーまで幅広い品揃えのようなディスプレイ 3 白壁とアートワークが映える外観 2 ドライフラワーがさりげなく飾られるなどインテリアの参考になりそ

ⓓ **Merci Marcel**
メルシー・マルセル

とにかく映えるフレンチカフェ。フードは見た目もクオリティもハイレベル。メニューは朝、昼、夜で異なります。

[MAP] P.184 F-4 ☎6224-0113 🏠56 Eng Hoon St. ⏰8:00〜23:30(木〜土曜〜24:00、日曜〜23:00) 🔒無休 📍MRTチョン・バル駅から徒歩10分〔チョン・バル〕[URL] www.mercimarcelgroup.com ○

ⓒ **Nana & Bird**
ナナ・アンド・バード

2人のシンガポール女性が創業したセレクトショップ。洋服はオリジナルが中心で、小物は海外から買い付け。

[MAP] P.184 E-5 ☎9117-0430 🏠1 Yong Siak St. ⏰11:00〜18:00(土・日曜10:00〜17:00) 🔒無休 📍MRTチョン・バル駅から徒歩10分〔チョン・バル〕[URL] shop.nanaandbird.com ○

ⓑ **Cat Socrates**
キャット・ソクラテス

看板猫が出迎えてくれるセレクトショップ。若手デザイナーによるオンリーワンアイテムを探すのが楽しい。

[MAP] P.184 E-5 ☎6333-0870 🏠78 Yong Siak St. ⏰10:00〜19:00(日・月曜〜18:00、金・土曜〜20:00) 🔒無休 📍MRTチョン・バル駅から徒歩13分〔チョン・バル〕[URL] catsocrates.wixsite.com/catsocrates ○

島全体がリゾートになっているセントーサ島には、ビーチ沿いにいくつかのバーがあります。ここはシンガポーリアンが休日に集うスポット。地元っ子もお気に入りの2軒はコチラ。

1 ヤシの木が茂るビーチに面したプール。デッキチェアは平日S$100、土・日曜S$200〜で借りられる **2** スタッフの接客も好感が持てる **3** バラマンディという白身魚のソテーS$36 **4** 北欧のカフェを思わせる内装

セレブ系✕おこもりビーチ

Tanjong Beach Club
タンジョン・ビーチ・クラブ

スタイリッシュなビーチクラブ

島の東端にある静かなタンジョン・ビーチに面したビーチクラブ。テラス席の脇にはプールがあり、料理をオーダーすれば誰でも自由に使うことができます。白を基調としたおしゃれな屋内も素敵。

MAP P.185 B-3　☎9750-5323　🏠120 Tanjong Beach Walk　🕙10:00〜20:00(土・日曜〜21:00)　🚪月曜　📍セントーサ・ビーチ・トラムのタンジョン・ビーチから徒歩2分〔セントーサ島〕　URL www.tanjongbeachclub.com

\ ドリンク /

①ピニャ・コラーダS$26はパイナップルの器で提供 ② フラミンゴ・マルガリータS$23

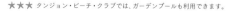

Best time!

13:00

まったり系、ワイワイ系どちらがお好み？

ビーチバーで昼からチル

1 店に来たら、まずはここで写真撮影を **2** 休日には家族連れも多い **3** ビーチで遊ぶこともできる **4** 人気のスパム・エッグ・サンドイッチ S$16 など

SNS映え×オープンエア

Coastes
コースツ

ビーチ直結で開放的

セントーサ島に3つあるビーチの中でも、最も賑やかなシロソ・ビーチにあります。店内に入ってすぐ目に付くのは、来店客がこぞって撮影する壁のロゴ。席はすべてオープンエアで、開放感満点です。

MAP P.185 A-2　☎なし　🏠50
Siloso Beach Walk　🕘9:00
〜21:30（金・土曜〜22:30）
🔒無休　📍セントーサ・エクスプレスのビーチ駅から徒歩5分〔セントーサ島〕　**URL** ww
w.coastes.com　📠○

① シンガポールスリングS$
18 ② ドラフトビールS$14

サクッとローカルフードBEST6

Very **Very** Shiok!

おいしい！

昼ごはん

BEST 1

＼シンガポール風おでん／

YONG TAU FOO
—— ヨンタオフー ——

食欲がない時はこちら。すり身入りのオクラやナスなどの野菜、厚揚げなどの具材8種類ほどが入ります。素朴な味のスープに浸かった具材が体を温めます。Ⓐ

1体に染みる〜♪
やさしさ200％な味

すり身入り野菜

シンプル味のスープはライスにかけながら食べるのがオススメ！

ライスと麺から選択可能

ヨンタオフーセット
S$7.50

BEST 2

頭丸ごと
＼入ってます！／

FISH HEAD CURRY
—— フィッシュ・ヘッド・カリー ——

シーバスなどの魚の頭を使ったユニークな一品。見た目は奇抜ですが、カレーと魚の相性は想像以上にバッチリ！　かなり大きいので2人以上でシェアするのがおすすめです。Ⓑ

もちろん魚も食べられます！

フィッシュ・ヘッド・カリー（Mサイズ）
S$35

驚きのルックス♪♪

Ⓐ **Tiong Bahru Yong Tao Hu**
チョン・バル・ヨンタオフー
MAP P.184 F-5 ☎8833-2282 🏠56 Eng Hoon St. ⏰7:00〜16:30 🈚無休 📍MRTチョン・バル駅から徒歩13分〔チョン・バル〕 URLwww.tiongbahruyongtaohu.com 📷×

Ⓑ **Muthu's Curry**
ムトゥース・カリー
MAP P.181 B-1 ☎6392-1722 🏠138 Race Course Rd., #01-01 ⏰10:30〜22:30 🈚無休 📍MRTファーラー・パーク駅から徒歩5分〔リトル・インディア〕 URLwww.muthuscurry.com 📷○

Ⓒ **Guan Chee Roasted Duck**
グアン・キー・ロースッテッド・ダック
MAP P.174 D-3 ☎なし 🏠2 Bayfront Ave., #B2-50〔ラサプラ・マスターズ内〕 ⏰10:00〜23:00 🈚無休 📍MRTベイフロント駅から徒歩5分〔マリーナ〕

密かに人気の
＼ローカルメシ／

DUCK RICE
—— ダック・ライス ——

ローストした鴨肉をライスにオンしたダックライスは、チキンよりも濃厚で深い味わいが特徴です。チキンよりもダック派というローカルも多いです。Ⓒ

ダック・ライス
S$10.80

BEST 3

チキンライスのライバル
登場！？

064

お餅モチモチ♡

ニンジンもケーキでもない!?

ホワイト・キャロット・
ケーキ
S$4

BEST 4

ニンジンは
入っていません!

CARROT CAKE

──── キャロット・ケーキ ────

小さく刻んだ大根餅を卵と炒めたローカルおかず。ピリ辛のホワイトと、甘めのしょう油で味付けしたブラックがあり、推しはパンチのあるホワイト。**D**

D Guan Kee Fried Carrot Cake

グアン・キー・フライド・キャロット・ケーキ

MAP P.181 C-5 ☎なし 🏠270 Queen St., #01-59(アルバート・センター・マーケット&フード・センター内) 🕘09:00〜15:00 🔒月・木曜 ♥MRTブギス駅から徒歩3分(アラブ・ストリート) 🚇×

Very Very Shiok! 屋ごはん

チキンの旨味が凝縮!

PAPER CHICKEN

──── ペーパー・チキン ────

ペーパーチキンの元祖。秘伝のタレをたっぷり染み込ませた甘辛いチキンがたまりません! 紙に包んで揚げているので、旨味がジュワッと口の中で広がります。**E**

E Hillman Restaurant

ヒルマン・レストラン

MAP P.180 D-2 ☎6221-5073 🏠135 Kitchener Rd. 🕘11:45〜14:00、17:45〜22:00 🔒無休 ♥MRTファーラー・パーク駅から徒歩6分(リトル・インディア) URL www.hillmanrestaurant.com 🚇○

BEST 5

ペーパーならはずしてガブリ!

旨味ジュワッ…!

鶏の紙包み揚げ(骨なし肉)
10ピースS$25

野菜盛りだくさん☺

ハーブソースをかけていざ、パクリ!

サンダー・ティー・
ライス(ブラウン)
S$6.20

意外なベストコンビ
ハーブ×ご飯

THUNDER TEA RICE

──── サンダー・ティー・ライス ────

ハーブをふんだんに使った、フレッシュなベジタリアン料理。ご飯の上にトッピングした野菜やピーナッツの上に、ハーブソースをかけて食べます。**F**

F Thunder Tea Rice

サンダー・ティー・ライス

MAP P.175 A-4 ☎6342-0223 🏠18 Raffles Quay., #25(ラオ・パサ・フェスティバル・マーケット内) 🕘7:00〜23:00 🔒無休 ♥MRTテロック・アヤ駅から徒歩3分(マリーナ) URL ja.thundertearicesg.com 🚇×

BEST 6

太麺

↑

KWAY TEOW
クイティオ

Ⓑエビや赤貝、赤ソーセージ、卵などを甘めのしょう油で味付け。米粉の少し太めの平麺はやわらかく食べやすい。

LOR MEE
ロー・ミー

Ⓐ揚げた白身魚を皮ごとほぐしたものと煮込んだ豚バラ肉や卵に、とろ〜りあんかけがオン！

S$5(Mサイズ)

軽い口あたりだからスナック感覚でイケる！

S$4.50(Mサイズ)

S$8(Mサイズ)

BAK CHOR MEE
バッチョー・ミー

Ⓒ常に行列ができている人気店。豚ひき肉やレバーなどの具材を黒酢、チリ、しょう油で和えた、タレが旨い麺料理。

わ〜っとりとろみがハンパない！

こってり →

朝イチで並んで（※1時間半で待ちました…）
（取材：長谷川）

S$6.50(ドライ)

2つあわせてセットです

FISHBALL MEE
フィッシュボール・ミー

Ⓓフィッシュボール（魚のすり身団子）と細麺を交互に食べる。ピリ辛麺のドライがおすすめ。

Ⓐ Tiong Bahru Lor Mee
チョン・バル・ロー・ミー

MAP P.172 E-2 🏠51 Old Airport Rd., #01-124（オールド・エアポート・ロード・フード・センター内）🕘9:00〜14:30 🔒水曜 ♥MRTダコタ駅から徒歩3分〔郊外〕🚇×

Ⓑ Dong Ji Fried Kway Teow
ドン・ジ・フライド・クイティオ

MAP P.172 E-2 🏠51 Old Airport Rd., #01-138（オールド・エアポート・ロード・フード・センター内）🕘10:00〜14:00 🔒無休 ♥MRTダコタ駅から徒歩3分〔郊外〕🚇×

Ⓒ Tai Hwa Pork Noodle
タイ・ホア・ポーク・ヌードル

MAP P.180 E-3 🏠466 Crawford Lane, #01-12 🕘9:00〜20:30 🔒第1・3月曜 ♥MRTラベンダー駅から徒歩10分〔アラブ・ストリート〕URL www.taihwa.com.sg🚇×

Ⓓ Lixin Teochew Fishball Noodles
リーシン・テオチュウ・フィッシュボール・ヌードル

MAP P.182 D-4 🏠2 Orchard Turn, B4-03/04,（アイオン・オーチャード内）🕘9:00〜21:00 🔒無休 ♥MRTオーチャード駅から徒歩2分〔オーチャード・ロード〕URL www.lixinfishball.com🚇○

ココナッツミルク入りで柔らか〜

LAKSA
ラクサ

Ⓔエビ、チリ、ココナッツミルク、ハーブなどが入った、こってり麺。麺が短いのでレンゲですくって食べる。

Ⓔ Marine Parade Laksa
マリン・パレード・ラクサ

MAP P.184 E-3 ☎9622-1045 🏠50 East Coast Rd., #01-64（ロキシー・スクエア内）🕘8:30〜17:30 🔒無休 ♥中心部からタクシーで20分〔カトン〕🚇×

S$7.50(Lサイズ)

日本人に圧倒的人気！

あんかけトロトロ〜 S$5

極太麺が隠れてます

麺はうどんに近くリッコリ

魚介たっぷり

FRIED HOR FUN
フライド・ホーファン
(F) つるんとした食感の太い米粉麺を軽く炒めてあんかけをかけた麺料理。豚肉やシーフードバージョンがある。

BAN MIAN
バン・ミエン
(G) じゃこや豚ひき肉、魚、コシのある麺に、魚介のエキスたっぷりのスープを投入！ 日本人の口に馴染みやすいあっさり味。

S$5.50

Very Very Shiok! 屋ごはん

あっさり ⟵

胃がもたれた時に食べたいやさしい味

PRAWN MEE
プロウン・ミー
(H) 豚のリブ肉とエビからとる濃厚な出汁は、体中に旨味が広がる。エビの大きさが選べる。

月チシのワンタンは脇役…

S$5

(F) Nam Seng Noodles House
ナム・シン・ヌードル・ハウス
MAP P.178 E-3 ☎6438-5669 ⌂25 China St., #01-01（ファー・イースト・スクエア内）⏰8:00〜18:00 🔒日曜 ◉MRTテロック・アヤ駅から徒歩3分〔チャイナタウン〕📷✕

(G) Qiu Rong Ban Mian
キウ・ロング・バン・ミエン
MAP P.172 E-2 ☎9739-8618 ⌂51 Old Airport Rd., #01-64（オールド・エアポート・ロード・フード・センター内）⏰10:00〜20:00 🔒無休 ◉MRTダコタ駅から徒歩3分〔郊外〕📷✕

(H) Beach Road Prawn Mee Eating House
ビーチ・ロード・プロウン・ミー・イーティング・ハウス
MAP P.172 F-2 ☎6345-7196 ⌂370/372 East Coast Rd. ⏰7:00〜16:00 🔒火曜 ◉中心部からタクシーで25分〔郊外〕📷✕

(I) White Rose Cafe
ホワイト・ローズ・カフェ
MAP P.182 E-2 ☎6737-0511 ⌂21 Mount Elizabeth, Upper Ground Floor（ヨーク・ホテル・シンガポール内）⏰7:00〜22:30 🔒無休 ◉MRTオーチャード駅から徒歩13分［オーチャード・ロード］URL www.yorkhotel.com.sg 📷◎

WANTON MEE
ワンタン・ミー
(F) 赤いチャーシューがのった細麺。汁入りよりもドライが圧倒的に人気！ ワンタンは付け合わせのスープの中。チリソースをつけて召し上がれ！

巨大エビだニャ…！

S$12.50

殻ごとダシをとります

ほどよい汁っ気が味のキメ手

ライムを搾ると味がしまる！

S$20

HOKKIEN MEE
ホッケン・ミー
(I) 太めの卵麺とビーフン麺をエビやイカなどと一緒に炒めた、シンガポール風焼きそば。多めの汁がおいしさの秘密！

シンガポール2大 HOTフード　Very Very Shiok!
おいしい!

昼ごはん

ひと口食べたら止まりません

一度食べたら
もう忘れられない衝撃
のウマさ!!

カレーの
炊き込み
ごはん

チキン・ビリヤニ
S$12.50（Mサイズ）

Ⓑ店で挽いた20種類以上の
スパイスと一緒に炊いたごは
ん。芳醇なスパイスの香りが
ふわっと口に広がります。

エビが
ゴロゴロ!

じわじわ後引く辛さ

🔥🔥 **煮込みカレーシチュー**
S$12

Ⓑラム肉やパクチー、スパイ
スが入った、どろっとしたカレ
ーシチュー。初めはラム肉の
味が、あとからスパイスの辛
さがじんわりやってきます。

🔥 **エビ・ココナッツ・カリー**
S$22.90

Ⓐ本物のココナッツに入った
エビカレーは、この店の看板
メニュー。一度食べると虜に
なる絶妙なマイルドさです。

食欲そそる
スパイス天国
\\ /
INDIAN
──── **インド料理** ────

暑さにバテてしまったときは、暑い国代表
のインド料理でパワーをつけましょう！
リトル・インディアにはインド人も納得
の本格的なカレーがそろっています。

バターチキン
S$16.50

Ⓒマイルドなので辛いのが苦手な
人におすすめ。チキンもごろごろ
入ってます！

バナナの葉っぱの
お皿がいかにも
インド王国♪

マトン・マサラ
（Sサイズ）
S$12.90

Ⓒじっくり煮込ん
だマトンは驚くほ
ど臭みがゼロ！

Ⓐ Mustard
マスタード

MAP P.181 B-2 ☎6297-8422 🏠32 Race Course
Rd. ⏰11:30～15:00、18:00～22:45（土曜のランチ
は～16:00）🔒無休 📍MRTリトル・インディア駅から徒
歩3分（リトル・インディア）URL www.mustardsingap
ore.com 📷○

Ⓑ Bismillah Biryani Restaurant
ビスミラー・ビリヤニ・レストラン

MAP P.181 C-3 ☎6935-1326 🏠50 Dunlop St. ⏰
11:30～20:30 🔒無休 📍MRTジャラン・ベザール駅か
ら徒歩3分（リトル・インディア）URL www.bismillahbi
ryani.com 📷×

Ⓒ Banana Leaf Apolo
バナナ・リーフ・アポロ

MAP P.181 B-2 ☎6293-8682 🏠54 Race Course
Rd. ⏰10:30～22:30 🔒無休 📍MRTリトル・インディ
ア駅から徒歩4分（リトル・インディア）URL www.theba
nanaleafapolo.com 📷○

野菜をしっかり 煮込んでます～！

PADANG CUISINE

辛さで
暑さを吹き飛ばせ！

パダン料理

インドネシアのスマトラ島にあるパダン地方の料理は、マレー系が多いシンガポールでもおなじみ。煮込み料理が多く、ピリリと後を引くスパイシーさが特徴！

🔥🔥 **フィッシュ・フライ**
S$7

Ⓑからっと揚げた魚をしょう油やチリソース、ガーリックで味付け。ごはんが進む甘辛さがグッドです！

魚丸ごと召し上がれ！

ナス・サンバル
S$4.90〜

Ⓐ大きなナスに辛めのサンバルソースがたっぷり！ じんわりと汗をかく辛さなので、辛さに自信のある人向き。

辛そうなのは
見た目だけ

🔥 **サユーロデー**
S$5

Ⓑサユーロデーとは、ココナッツミルクで煮た温野菜のこと。辛〜いおかずを食べたあとのお口直しにぴったりです。

エビ・サンバル
1匹S$7.30〜

Ⓐこちらも辛めのサンバルソースがかかった、スパイシーな一品。エビは1匹からオーダーできます。

見ため通り
刺激強め

お肉トロトロ〜

ビーフ・レンダン
1つS$6.20

Ⓐ牛肉をココナッツミルクと香辛料でじっくり煮込んだ料理。真っ赤な見た目ほど辛くはありません。

辛さをチャラにして
くれる救世主☆彡

🔥 **タピオカ・リーフ**
S$5

Ⓑタピオカの葉は、インドネシアでは定番の野菜。ココナッツミルクで煮たマイルドな味わい。

Ⓐ **Rendezvous Restaurant**
ランデブー・レストラン
(MAP) P.177 B-4 ☎6339-7508 🏠6 Eu Tong Sen St. #02-72/73（クラーク・キー・セントラル内）🕙11:00〜20:30 🈺無休 ♥MRTクラーク・キー駅から徒歩1分〔リバーサイド〕(URL) rendezvous-hlk.com.sg 📱○

Ⓑ **Hjh Maimunah Restaurant**
ハジャ・マイムナー・レストラン
(MAP) P.180 D-4 ☎6297-4294 🏠11-15 Jalan Pisang 🕙7:30〜18:30 🈺日曜 ♥MRTブギス駅から徒歩9分〔アラブ・ストリート〕(URL) www.hjmaimunah.com 📱○

Very Very Shiok! 昼ごはん

069

新加坡共和国 24H TIPS 〔朝&昼〕

朝からヨガや市場に出かけてアクティブに、お昼は街歩きを楽しみましょう。

ビルを見ながら
レッツヨガ☆

ハタヨガ（月曜）
60分 S$32.70

MORNING YOGA

" MBS屋上で朝ヨガ "

スカイパーク展望台（→P.40）では、朝にヨガを開催。曜日によりプログラムが替わり、プールで行うアクアフィットネス以外は一般客でも参加可能。

Morning Yoga
モーニングヨガ

MAP P.174 E-3 ☎6688-8868 🏠10 Bayfront Ave. ⌚7:30 〜（要予約）¥S$32.70（MBSの宿泊客は無料）
📍MRTベイフロント駅から徒歩5分〔マリーナ〕URL
jp.marinabaysands.com

ANIMAL

" 人気者に会える動物園 "

シンガポール動物園（→P.24）に隣接する動物園。世界の7大大河に生息する動物にフォーカス。ボートに乗りアマゾン流域の動物を見学できるアトラクションもあります。人気のパンダは、ガラスで仕切られていないので愛らしい姿を近くで見られます！

River Wonders
リバー ワンダー

所要
約2時間

MAP P.171 C-2 ☎6269-3411 🏠80 Mandai Lake Rd. ⌚10:00 〜 19:00 🔒無休 ¥S$43 📍→P.25〔郊外〕URL www.mandai.com/ja/home page/river-wonders.html

2大アイドル

パンダ

マナティ

世界の大河の魚たちも見られる

ボートのアトラクションでカピバラ発見！

WET MARKET

" 超絶ローカルな市場 "

テッカ・センター（→P.153）など、国内のあちこちにある屋内マーケット。生鮮食品を扱う店が多く、床が濡れていることが由来。

PAPER FORTUNE

" アタルって噂のおみくじ "

How to pray

① 3本の線香を香炉に差して祈る
② 堂内で占い筒と勝杯を2つ受け取る
③ 住所・氏名を心でつぶやき、勝杯を投げる
④ 占い筒を振り出した番号を受付に伝える

観音寺（→P.27）のおみくじの手順をおさらい。投げた勝杯が出なければやり直し。3回投げてダメなら、占う時期ではないということ。

GRAB Grab

" 手配が簡単すぎるタクシーアプリ "

簡単に手配できるタクシー配車アプリ。交通事故に遭った場合、海外保険の対象外となるので要注意。

How to use

① アプリを立ち上げ目的地を入力。現在地はGPSで自動入力される。
② タクシー会社（Grab Taxi）と個人タクシー（Grab Car）の料金を確認。
③ どちらかのタクシーを選択して予約をクリック。
④ タクシーが見つかると、運転手の顔写真、車種、ナンバー、色の情報が表示される。
⑤ タクシーが来るまでの時間も確認できる。到着したら、車の情報を確認して乗車。
⑥ 目的地に着いたらお会計。クレジットカードを事前登録していれば自動決済されるので便利。

IN THE noon (11:00-13:00)

MERLION

"マーライオンの仲間に
今会いに行きます"

シンガポールのマーライオンは実は1頭だけじゃありません。マー様の兄弟探しの旅に出かけてみましょう！

Mount Faber Park
マウント・フェーバー・パーク

丘の上にある公園にポツリ。頭は少し大きめで体はスリム。

MAP P.173 B-4 ⏰24時間 🔒無休 ¥無料 📍MRTハーバーフロント駅から徒歩20分〔郊外〕

Singapore Tourism Board
シンガポール観光局

シンガポール観光局の内庭にひっそり佇む。面長な顔はどことなく猫に似ています…。

MAP P.183 A-4 🏠1 Orchard Spring Lane ⏰24時間 🔒無休 ¥無料 📍MRTオーチャード駅から徒歩15分〔オーチャード・ロード〕

Ang Mo Kio
アン・モ・キオ

団地の入口に鎮座する双子のマーライオン。勇ましい顔が特徴。

MAP P.170 D-2 🏠Ang Mo Kio Ave. 1 ⏰24時間 🔒無休 ¥無料 📍MRTアン・モ・キオ駅から徒歩20分〔郊外〕

"千差万別すぎるマーライオングッズ"

Melissa
メリッサ

MAP P.182 E-4 ☎6333-8355 🏠333A Orchard Rd.、#04-29/30（マンダリン・ギャラリー内）⏰11:00 ~ 19:00 🔒月曜 📍MRTサマセット駅から徒歩7分〔オーチャード・ロード〕**URL** www.melissazakka.com 📧○

マーライオングッズのバリエは無限大！

Chosen Zakka
チョーさんのお店

MAP P.182 D-3 ☎6235-1536 🏠304 Orchard Rd.、#03-50（ラッキー・プラザ内）⏰11:00 ~ 16:00 🔒日曜 📍MRTオーチャード駅から徒歩4分〔オーチャード・ロード〕

PARK

"街の中心部にある自然豊かな公園"

イギリス植民地時代に要塞があった歴史的な公園。当時の門などが残っていて、最近ではフォトジェニックスポットとしてSNSで話題になっています。

Fort Canning Park
フォート・カニング公園

MAP P.177 B-2 🏠River Valley Rd. ⏰24時間 🔒無休 ¥無料 📍MRTフォート・カニング駅から徒歩1分〔シティ〕**URL** beta.nparks.gov.sg/visit/parks/park-detail/fort-canning-park

---

FOOD COURT & HAWKER

"まだある！人気フードコート
＆ホーカース"

── フードコート ──

Food Opera
フードオペラ

MAP P.182 D-4 ☎6509-9198 🏠2 Orchard Turn、#B4-03/04（アイオン・オーチャード内）⏰10:00 ~ 22:00 🔒無休 📍MRTオーチャード駅から徒歩2分〔オーチャード・ロード〕**URL** foodrepublic.com.sg/food-republic-outlets/food-opera-ion

20店舗ほど入る、アイオン・オーチャード（→P. 149）内のフードコート。

── ホーカース ──

Newton Food Centre
ニュートン・フード・センター

MAP P.182 F-1 🏠500 Clemenceau Ave. North ⏰店舗により異なる 🔒店舗により異なる 📍MRTニュートン駅から徒歩5分〔オーチャード・ロード〕

シーフードの店が多数入るホーカース。観光客が多く、日本語での客引きもたくさんあります。

── おいしい屋台の見つけ方 ──

☑ **衛生面をチェック**
店頭に貼ってあるAやBなどのアルファベットは、政府の衛生検査の評価。Aが最も高評価。

☑ **受賞歴や情報誌を確認**
地元の情報誌や受賞歴などを店先に貼っているところが多く、店選びに役立ちます！

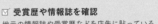

☑ **長い行列はうまさの証**
人気の店は、ローカルも利用するため食事時になるとあっという間に長蛇の列に！

UNIQUE ART

"斬新すぎるアート"

巨大な赤ちゃんが宙に浮いてる!? ように見えるアートは、ガーデンズ・バイ・ザ・ベイ（→P. 28）の北側にある隠れフォトスポット。手乗りショットなど、おもしろい写真が撮れます！

you go where?

IN THE

AFTERNOON

14:00 - 17:00

日中でいちばん暑い午後は、屋外を避けて室内
におこもり。じっくり時間をかけて、お気に入り
のローカル雑貨や定番みやげを探しましょう！
ショッピングの合間は、こだわりカフェや映え
スイーツで糖分チャージ☆

憧れの老舗ホテル、「ラッフルズ・シンガポール」（→P.76）。ホテルの玄関口では、ターバンを巻いた名物のドアマンが出迎えてくれる

Best time!
14:00-17:00

憧れのホテルはステイせずに活用！

ラッフルズホテルで過ごす
特別な3hours

宿泊しなくても
楽しめる裏技があります

ラッフルズホテルといえば、誰もが一度は泊まってみたいと夢見る、ホテルのスター的存在です。だけど高級ホテルはそう簡単に手が届かないのも事実。でも実は、宿泊しなくても満足できるスペシャルな過ごし方があるんです！まずはシャンデリアの下でアフタヌーンティー、次にシンガポールスリングが生まれたバーで本場のカクテルを楽しんで、最後は限定グッズをゲットしましょう。

Raffles Singapore
ラッフルズ・シンガポール

世界の著名人も泊まった老舗ホテル

シンガポールを代表する有名ホテル。2019年、大規模な改修工事を終えてリニューアルオープンしました。ホテル棟とショップが入る棟が分かれています。

MAP P.176 D-2 ☎6337-1886 ⌂
1 Beach Rd. ♥MRTエスプラネード駅から徒歩2分（シティ） **URL** www.rafflessingapore.com

ココにもあり！「ラッフルズホテル」 ▶▶ P.160 憧れのラグジュアリーホテル

★★★ グランド・ロビーの予約はホテルの公式ウェブサイトからオンラインでも受け付けています。

\ Special.1 /
14:00

セレブ気分で
アフタヌーンティー

普段は宿泊客だけしか入れないロビー。シャンデリアが吊るされた高級感マックスな場所で英国式アフタヌーンティーがいただけます。予約必須。

The Grand Lobby
グランド・ロビー

MAP P.176 D-2 ☎6337-1886 🏠1 Beach Rd. ⏰
12:00〜18:00 🔒無休 ♀MRTエスプラネード駅から徒歩2分〔シティ〕🚇○

2

3

1 6種類の紅茶から好きなフレーバーを選べるラッフルズアフタヌーンティー1人S\$88。1グラスS\$33でシャンパンも付けられる 2 ロング・バーのピーナッツケーキやチリクラブといった、ローカルフード味のサンドイッチなどのスイーツと軽食が盛られている 3 白で統一された美しい内装

16:00

シンガポールスリングは夕方がベストタイム

シンガポールスリング発祥の店として有名なバー。シンガポールの夕焼けをイメージしたカクテルだからこそ日暮れに飲むのがツウです。

IN THE *Afternoon* (14:00-17:00)

1 バーのロゴ入りグラスで提供されるオリジナルのシンガポールスリングS$39 **2** ジンスリング（右）S$33とサクラスリング（左）S$33もおすすめ **3** 1920年頃の開拓当時をリアルに再現 **4** 食べ放題のピーナッツは食べ終わった殻を床に捨てるのがルール

WHAT IS
シンガポールスリング？

1915年に考案されたトロピカルカクテル。ジンをベースに、チェリーブランデーやコニャック、パイナップルやライムジュースを加えている。ほんのりと甘い口当たり。

Singapore Sling's ingredients

★★★ 注 ラッフルズ・ブティックにはラッフルズホテルの歴史を辿る展示があります。

Special.3 16:30 ラッフルズ限定だから買うのです！

最後は「ちょこっといいもの」がそろうギフトショップでお買い物。キュートなラッフルズホテル限定グッズは見逃せません！

②

①

④

③

⑤

❶ 8個入りのオリジナルパイナップルタルトS$25 ❷ 家で再現できるシンガポールスリングの3本パックS$70 ❸ シンガポールスリング味の紅茶S$40 ❹ ロング・バーが描かれたティータオルS$26 ❺ 入れ物付きのカヤジャム200g S$14

5 長いバーカウンターからカクテルを作るバーテンダーの様子がうかがえる

Raffles Boutique
ラッフルズ・ブティック

ホテル棟に併設した、ショップが集まるアーケードにあるギフト店。スナックやフード、小物などのハイクオリティなオリジナルグッズをバラエティ豊かに取りそろえています。

MAP P.176 D-2 ☎6412-1143 ♠328 North Bridge Rd. ◐10:00～20:00 🔒無休 ♥MRTエスプラネード駅から徒歩5分［シティ］📷○

Long Bar
ロング・バー

100年以上も世界中で愛されているシンガポールスリングを生み出したバー。これを目当てに毎日行列ができるほど。店内はシックなインテリアでまとめられ、ムーディな雰囲気満点です。

MAP P.176 D-2 ☎6412-1816 ♠328 North Bridge Rd., #02-01 ◐12:00～22:30 🔒無休 ♥MRTエスプラネード駅から徒歩5分［シティ］📷○

14:00

あのシンボルもステキに変身！
センス重視な ローカル雑貨ハント

レトロモチーフやマーライオンをキュートにアレンジするなど、地元
アーティストが手掛けたセンスの光る雑貨がどんどん増えています！

ⓐ レトロで
かわいい♡

Ⓐ 軽くて丈夫なバンブー
プレート各S$12.90。絵柄
は食卓や昔の家屋など

Ⓑ 小さな花をあしらっ
たメガネケースS$59

Ⓐ オウムやクジ
ャクが大きく描か
れた鍋敷き
S$12.90

Ⓐ 北欧デザインを思わ
せる、植物モチーフのミ
トンS$12.90

Ⓑ バンドバッグと
してもショルダーバ
ッグとしても使える
各S$169～

Ⓐ プラナカンの
邸宅が描かれたウ
ォータージョグ
S$29.90

Ⓑ ポップなデザイ
ンの牛乳パックバッ
グ各S$169

Ⓑ 着けるだけで元気に
なりそうなヘアバンド各
S$49

Ⓐ 使い勝手のよ
さそうなエコバッ
グS$25

Ⓑ Quintessential
ⓑ ビーズ
ワーク
クインテセンシャル
ハンドメイドのビーズバッグ

南国モチーフの鮮やかなビーズバ
ッグを扱っています。ほとんどの
アイテムが1点物です。

MAP P.182 E-4 ☎6738-4811 🏠333 A
Orchard Rd., #02-20(マンダリン・ギャラ
リー内) ⏰12:00～19:00 🔒無休 🚇
MRTサマセットから徒歩7分(オーチャー
ド・ロード) URLquintessential.com.sg
📷○

Ⓐ Yenidraws & Friends
ⓐ ドロー
イング系
ヤニドロウ・アンド・フレンズ
オリジナルイラストのグッズ

オーナーのヤニさんのイラスト雑
貨がバラエティ豊かに揃います。
イラストはシンガポールの昔の風
景が主。

MAP P.184 F-4 ☎なし 🏠55 Tiong
Bahru Rd. ⏰10:00～17:00(日曜～
16:00) 🔒月曜 🚇MRTチョン・バル駅から
徒歩12分(チョン・バル) URLyenidraws.
com 📷○

日常の一コマがテーマ！

Ⓒ ユニークな絵柄のホーローマグ各S\$19.50

Ⓒ 南国らしいヤシの木柄のレザーバッグS\$134

Ⓓ キャンドルナッツ（→P.53）とのコラボ食器。プレートS\$28

Ⓒ プラナカンスタイルのバティックバッグS\$16.10

ワインボトルを入れてね

Ⓓ オリジナルのぬいぐるみ各S\$24。左2つは猫、右はマーライオン

Ⓓ シングリッシュをテーマにしたポストカードS\$24

Ⓓ プラナカンの伝統的なランチボックスをアレンジS\$280

Ⓒ ゴージャスなプラナカン陶器のトレー S\$255

Ⓒ 日本の有田焼とコラボした皿S\$88。シンガポールのアイコンが描かれている

Ⓓ Supermama
スーパーママ

シック系

日本とシンガポールのコラボアイテム

地元デザイナーが日本の伝統工芸品を基に作る、オリジナル商品が揃う。

[MAP] P.173 B-4 ☎9615-7473 🏠213 Henderson Rd. ⏱11:00～18:00 日曜 中心部からタクシーで15分〔郊外〕 URLsupermamastore.com

Ⓒ Gallery Store by ABRY
ギャラリー・ストア・バイ・アブリー

デザイン系

ハイセンスなミュージアムショップ

展示作品とコラボした雑貨のほか、ストールやシャツなどの衣類も販売。

[MAP] P.177 C-4 ☎8869-6970 🏠1 St. Andrew's Rd.（ナショナル・ギャラリー・シンガポール内）⏱10:00～19:00 無休 MRTシティ・ホール駅から徒歩5分〔シティ〕URL abry.global

Anti:dote
アンティドート

ジュエリーみたいなスイーツにキュン！

3段の化粧箱に入った、映えアフタヌーンティー。紅茶はTWG（→P94）の13種類から好きな味が選べます。繊細なフォルムのスイーツやオープンサンドはまるで本物の宝石のよう！

MAP P.176 D-2 ☎6431-6156 🏠80 Bras Basah Rd. ⏰15:00～17:00（土・日曜12:00～14:00、15:00～17:00）、要予約 🔒無休 📍MRTシティ・ホール駅から徒歩5分［シティ］URL www.fairmont.com/singapore 📠○

at FAIRMONT SINGAPORE

1 S$68

1 1段目にスイーツ、2段目に軽食系、3段目にスコーンがON！ **2** 店内は大人シックな雰囲気

Best time!
14:00

ちょっぴり贅沢ティータイム
ラグジュアリーホテルで
アフタヌーンティー

イギリス植民地時代に伝わったアフタヌーンティーは、独自の進化を遂げています。宿泊先のコンシェルジュなどに頼んで事前予約を。

★★★ アンティドートでは、帰り際におみやげとしてクッキーをプレゼントしてくれます。

at GOODWOOD PARK HOTEL

S$65
(金〜日曜S$68)

L'espresso
レスプレッソ

贅沢なスイーツビュッフェ

こちらのアフタヌーンティーは、スイーツやサンドイッチなどが取り放題のビュッフェスタイル。プチケーキやフルーツ、軽食もホットからコールドまで幅広く用意されています。

MAP P.182 D-2 ☎6730-1743 🏠22 Scotts Rd. ⏰12:00 〜 14:30、15:00 〜 17:00(土・日曜11:00 〜 13:00、13:30 〜 15:30、16:00 〜 18:00) 🚪無休 ◆MRTオーチャード駅から徒歩12分〔オーチャード・ロード〕 **URL** www. goodwoodparkhotel.com 📠○

1 プチスイーツはキュートなルックス **2** プールサイドの席が一番人気

at THE RITZ-CARLTON MILLENIA SINGAPORE

S$65〜

1 スイーツも軽食もすべて専属のパティシエが担当 **2** ティータイムのほかランチやディナー時も営業している

Republic
リパブリック

世界的ブランドホテルでアフタヌーンティー

ホテル3階のレストランバーでアフタヌーンティーがいただけます。スタイリッシュな空間で優雅なひとときをすごしましょう。

MAP P.176 F-4 ☎6434-5288 🏠7 Raffles Ave., 3F ⏰15:00 〜 17:00 🚪無休 ◆MRTプロムナード駅から徒歩10分〔シティ〕 **URL** www.republicbar.com.sg 📠○

とっておき カフェ

シンガポールには、ローカルカフェだけでなく海外から上陸したカフェもたくさん！競争が激しい分レベル高め。個性派4店はこちら。

1 柵の向こうに併設のショップがある **2** オリジナルブレンドのコールドブリューホワイトS$8.50 **3** ラテS$5.50。バリスタがラテアートしてくれる **4** ピスタチオのレモンケーキS$4.50

Coffee

1 チョコレートアフォガード
S$10。チョコアイスにホットチョコを流して召し上がれ **2** マシュマロの中にチョコがたっぷり入ったフローズンスモアS$12 **3** ほろ苦いダークチョコレートケーキ S$9

Chocolate

Chye Seng Huat Hardware
チャイセンヒュ・ハードウェア

サードウェーブ到来中

金属製品の会社だった建物をリノベしたカフェ。世界中から買い付ける最上級のコーヒー豆を焙煎して提供しています。コーヒー豆を販売するショップも併設。

MAP P.180 D-1 ☎6299-4321 🏠150 Tyrwhitt Rd. ◎9:00～22:00 🔒第1月曜 ♥MRTベンデメール駅から徒歩6分〔リトル・インディア〕URL www.cshhcoffee.com 📷○

The Dark Gallery
ダーク・ギャラリー

チョコづくしで幸せ気分

国内に4店舗あるチョコレートスイーツの専門店。甘すぎないビターな味が中心で、スイーツによって甘さを変えています。チョコレートアイスも人気。

MAP P.182 D-4 ☎6935-2603 🏠391 Orchard Rd., #B2-29〔シンガポール高島屋S.C.内〕◎11:00～21:30 🔒無休 ♥MRTオーチャード駅から徒歩6分〔オーチャード・ロード〕URL thedarkgallery.com 📷○

★★★ チャイセンヒュ・ハードウェアでは16:00からビアバーもオープン。クラフトビールやドラフトビールが楽しめます。

Pantler
パントラー

繊細な味わいの創作スイーツ

日本人パティシエの森田知治さんが営むパティスリー。最高級の素材を使い、確かな技術で生み出される珠玉のスイーツが味わえます。定番から創作までバリエも豊富です。

MAP P.173 B-3 ☎6221-6223 ♠474 River Valley Rd. ⏰10:30～18:30 🔒月曜 ♠MRTグレート・ワールド駅から徒歩15分〔郊外〕URL www.pantler.com.sg 🈂○

TIANN'S
ティアンズ

ヘルシーだから心置きなく楽しめる

オーナーのティアンさんが糖質制限をしたのをきっかけに、化学調味料を使わないスイーツを提供しようとオープン。手の込んだヘルシースイーツが楽しめます。

MAP P.184 F-4 ☎6222-1369 ♠71 Seng Poh Rd., #01-35 ⏰8:30～16:30（金曜～21:30）🔒月曜 ♠MRTチョン・バル駅から徒歩10分〔チョン・バル〕URL www.tianns.com.sg 🈂○

Best time!

14:00

ジャンル別でチョイス
誰にも教えたくない

１ テイクアウトだけでなく、イートインもある **②** ふわりとした食感のミルフィーユS$9.80 **③** 濃厚なチョコレートとヘーゼルナッツの組み合わせがクセになるヤツラチョコレートケーキS$9.80

Patisserie

１ ショートケーキS$8.80（右）、バスクチーズケーキ S$11（左）、アイスコーヒー S$6（右奥）、アップル＆ビートルート＆ジンジャージュースS$&.50（左奥）**②** バナナブレッドS$5.50 **③** ワッフルジェラートS$26

Healthy

Best time!
14:00
"魅せる工夫"で超☆話題
RWSの美しすぎる水族館はこう回る!

（上）巨大なマンタが優雅に泳ぐ。なかにはレアなブラックマンタも!
（下）下から巨大水槽が見られるオーシャンドーム

▶▶04 その大きさ、世界クラス。 マンタも泳ぐ巨大水槽

最大の見どころであるOpen Ocean Habitat。一枚アクリルの巨大水槽、オープンオーシャンギャラリーは、なんと高さ8.3m、幅36mと世界でも最大級!

S.E.A. Aquarium
シー・アクアリウム
世界最大級の水槽が魅力
1000種以上、合計10万匹もの海洋生物を飼育する、シンガポール唯一の水族館。泳ぐ魚たちを見ながら食事のできるレストランや宿泊のできるスイートルームも備えています。

MAP P.185 B-2 ☎なし 🚌8 Sentosa Gateway ⏰10:00～17:00 🔓無休 ¥ S$44 📍セントーサ・エクスプレスのリゾート・ワールド駅から徒歩1分〔セントーサ島〕URL www.rwsentosa.com/en/attractions/sea-aquarium 💷○

環境にも配慮した新しい展示が話題沸騰!

セントーサ島には、リゾート・ワールド・セントーサ（RWS）という総合型リゾートがあります。数あるエンタメ施設のなかでも特にお気に入りなのが、シー・アクアリウム。S.E.Aは（サウス・イースト・アジア）の頭文字をとったもので、文字通り東南アジアを代表する水族館です。

館内は7つのゾーンに分かれ、各ゾーンで異なる海中環境が再現されています。ぐるっと回ると海の中を散歩しているみたいな気分に浸れます。

★★★ オープンオーシャンギャラリーを見ながら食事のできるオーシャン・レストラン。メニューは本格的な地中海料理。

086

船卸中のダイバーさんが
あいさつしてくれることも

色とりどりのサンゴにうっとり

02
サンゴと熱帯魚が
カラフルすぎっ

小さな魚たちを飼育しているSchool of Fish。高さ8m、直径7mの円柱水槽、コーラルガーデンでは、サンゴ礁の海を再現。

思わず見上げる円柱水槽

Start！
所要 約2時間

**01 世界でもここだけ！？
水槽の中に船がドボン♪**

入館して最初に見られるShipwrecked！ゾーン。水槽の中に難破船が沈められており、大型の魚たちがその周辺を悠々と泳ぐ。

03 クラゲの泳ぐ水槽で時間を忘れる

クラゲの水槽で癒しタイム♪

「魚だけが海洋生物ではない！」がテーマのOcean Diversity。イルカやクラゲ、タコ、イカなど、魚以外の海洋生物が見られる。

頭上をサメたちが泳ぎ回る

Goal！
**05 水中トンネルで
100匹ものサメに囲まれる**

深海ゾーンなどを抜けると、最後に登場するのがApex Predators of the Sea。水中トンネルのシャークシーでは、12種類以上、100匹ものサメが見られる。

＼ VIPツアーに参加してみる？ ／
水族館ではスペシャルな体験ができるツアーを開催している。飼育員によるガイドトークやイルカとの触れ合いなど盛りだくさんの内容。

S.E.A. Aquarium VIP Experience
シー・アクアリウム・ブイアイピー・エクスペリエンス

🕙10：00～、14：00～、所要約3時間30分 🔒無休 ¥S$198（繁忙期はS$218）

イルカと触れ合えるのは参加者だけ！

おみやげリスト

お菓子からお茶まで、ルックス重視なおみやげを集めてみました。専門店だけでなく、スーパーでも映えなかわいい商品が見つかります。

プラナカン

プラナカンモチーフのパッケージ。胸キュンが止まりません！

1 レトロなパッケージのパイナップルケーキ各S\$8。小さなケーキ2個入り。どれも中身は同じ **2** ナショナル・キッチン・バイ・バイオレット・オンの人気ギフトS\$23。中身はオリジナルクッキー

ローカル系

おしゃれにアップグレードした、おなじみローカルグルメ！

3 パンダンリーフシフォンのクッキーS\$49 **4** 程よい苦さのチョコレートクッキーS\$19 **5** 層になった焼き菓子、クエ・ラピスS\$42 **6** サンバル・バラド（右）とホットチリペッパー＆ライム（左）味のポテトチップス各S\$2.52

Ⓒ Bengawan Solo
ブンガワン・ソロ

昔ながらのスイーツそろえてます

MAP P.182 D-4 ☎6238-2090 🏠2 Orchard Turn, #B4-38（アイオン・オーチャード内）🕙10:00 〜 21:30 🚫無休 ⓂMRTオーチャード駅から徒歩2分（オーチャード・ロード）URL www.bengawansolo.com.sg

Ⓑ The Cookie Museum
クッキー・ミュージアム

ゴージャスなクッキー専門店

MAP P.176 D-3 ☎6749-7496 🏠252 North Bridge Rd., #B1-K4（ラッフルズ・シティ内）🕙11:00 〜 21:00 🚫無休 ⓂMRTシティ・ホール駅から徒歩3分（シティ）URL thecookiemuseum.oddle.me/en_SG

Ⓐ Fair Price
フェア・プライス

ばらまきみやげが見つかるスーパー

MAP P.181 C-1 ☎6509-6260 🏠180 Kitchener Rd., #B1-09/10（シティ・スクエア・モール内）🕙8:00 〜 23:00 🚫無休 ⓂMRTファーラー・パーク駅から徒歩3分（リトル・インディア）URL www.fairprice.com.sg

★★★ 1872クリッパー・ティーにはシンガポールスリング味の紅茶があります。

Best time!

15:00

見た目でそそられる♡

パケ買いしたくなる

7 お祝い事に欠かせないムーンパイ S\$24。黒ゴマやパンダンリーフなど8種類 **8** コーンフレーク味のベストセラーS\$24〜27 **9** 風味豊かなアールグレイ味\$38 **10** ローズ味のクッキー S\$49

クッキー＆パイ

クッキーの缶やボックスは思い出として飾られるのがうれしい♪

11 8種類のフレーバーティーセットS\$28 **12** TWG Tea定番のブラックティーS\$48〜 **13** ウィークエンドティー。セットでS\$103 **14** レトロ缶の中国茶S\$29〜

ティー

ティーだって、レトロからゴージャスまでそろってます！

(F) National Kitchen
by Violet Oon
ナショナル・キッチン・バイ・バイオレット・オン
DATAは→P.52

(G) TWG Tea Gardens
at Marina Bay Sands
ティーダブリュジー・ティー・ガーデンズ・アット・マリーナベイ・サンズ
DATAは→P.94

(H) LE Cafe
エルイー・カフェ
ローカルスイーツがズラリ
[MAP] P.181 A-3 ☎6337-2417 🏠31/33 Mackenzie Rd. ⏰10:30〜18:30(日曜〜16:30) 🔒無休 ♀MRTリトル・インディア駅から徒歩4分(リトル・インディア) [URL] www.lecafe.com.sg 📷○

(E) The 1872 Clipper Tea
エイティーンセブンティトゥ・クリッパー・ティー
おみやげにぴったりな紅茶がずらり
[MAP] P.182 D-4 ☎6509-8745 🏠2 Orchard Turn, #B4-07(アイオン・オーチャード内) ⏰10:00〜22:00 🔒無休 ♀MRTオーチャード駅から徒歩2分(オーチャード・ロード) [URL] clippertea.com.sg 📷○

(D) Pek Sin Choon
ペク・シン・チョーン
1925年創業の中国茶専門店
[MAP] P.178 D-2 ☎6323-3238 🏠36 Mosque St. ⏰8:30〜18:30 🔒日曜 ♀MRTチャイナタウン駅から徒歩3分〔チャイナタウン〕 [URL] peksinchoon.com 📷×

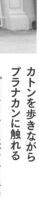

Best Time!

15:00

カワイイ文化にイイねの嵐

MAX映えなプラナカンを探しにカトンへ

カトンを歩きながら
プラナカンに触れる

プラナカンとは、「マレーシアやシンガポールへとやって来た、中華系移民の子孫のこと。現地の女性と結婚し、西洋との貿易で財を成した彼らは、マレー、中国、西洋のいいとこ取りをした華やかな生活をしていました。

多くのプラナカンが住んでいたのがカトンエリア。ショップハウスと呼ばれるカラフルな建物が連なり、東洋の装飾と西洋のタイルが華麗です。特にクーン・セン・ロードは、道の両側にショップハウスが並ぶとっておきスポット。

伝統衣装や雑貨を販売するショップでの買い物や、中国とマレーがミックスしたスイーツを食べながらプラナカンの文化を満喫しましょう！

★★★ ルマー・ビビの裏の通りに回ると、ビビさんが描いた映えなプラナカンウォールアートがあります。

1 人気の撮影スポット、クーン・セン・ロード。ちょうどショップハウスに日が当たるのは15:00頃 **2** 伝統衣装のサンダルS$250には繊細なビーズ刺繍が施されている(Ⓐ) **3** 伝統衣装のバティック柄のスカートなど、ファッション系アイテムもある(Ⓐ) **4** パステルカラーの食器が人気(Ⓐ) **5** カトンのメイン通り、イースト・コースト・ロード

Target!

プラナカン雑貨

タイルやビーズ刺繍は人気のおみやげだけど、高価。プラナカンモチーフの雑貨ならお手頃で日常使いできておすすめです。

Target!

ニョニャ・クエ

ほとんどのスイーツにココナッツミルクを使っていて、自然な食材で味付けするので甘さは控えめ。

ニョニャの手仕事

マレー半島では女性のことをニョニャと呼ぶ。プラナカン文化の多くが女性の手によって生まれたことから、別名ニョニャ文化とも言われている。

① パンダンリーフで色付けした餅にココナッツフレークをまぶした、オンデオンデS$3.20 ② ほんのり甘い蒸しパン、ファガオS$3.20 ③ ココナッツミルクを混ぜた餅を薄い層にした、クエ・ラピスS$3.20（すべてⒷ）

Ⓐ Rumah Bebe
ルマー・ビビ

お手頃雑貨もあります！

本格的な伝統衣装やサンダルからお手頃なプラナカン雑貨までを販売。オーナーのビビさんが作ったビーズ刺繍のアイテムもあります。

MAP P.184 E-3 ☎6247-8781 ⌂113 East Coast Rd. ◷9:30～18:30 ▣月～水曜 ♥中心部からタクシーで20分〔カトン〕 URLwww.rumahbebe.com ▭○

Ⓑ Kim Choo Kueh Chang
キム・チュー・クエ・チャン

ニョニャスイーツならこちら！

カラフルなプラナカンのおやつ、ニョニャ・クエを販売しているローカル店。観光案内所も兼ねていて、プラナカン雑貨も扱っています。

MAP P.184 E-3 ☎6741-2125 ⌂111 East Coast Rd. ◷9:00～21:00 ▣無休 ♥中心部からタクシーで20分〔カトン〕 ▭○

アート＆デザイン系の
"絵になる"本屋

①国内外からたくさんの人が集まる ②④シンガポールのカルチャー本もある ③⑥エコバッグ各S$30 ⑤本そのものがアートと言われるDOMINIE-WERK S$95

Basheer Graphic Books
バシャール・グラフィック・ブックス

アート

オーナー自身がセレクトしたアートやデザイン系の本がそろいます。わざわざ海外から足を運ぶデザイナーも多いとか。
MAP P.176 D-1 ☎6336-0810 ♠#04-19 ◯10:00
～20:00(日曜11:00～19:00) 🔒無休 URL www.
basheergraphic.com 📷○

Bras Basah Complex
ブラス・バサー・コンプレックス
国立図書館隣の本のショッピングセンター

4つのフロアに20を超える本屋があるショッピングコンプレックスです。個性豊かな店に、世界中の本が集まっています。
MAP P.176 D-1 ☎9111-3257 ♠231 Bain St. ◯店舗により異なる ♥MRTプラス・バサー駅から徒歩4分〔シティ〕

Best time!
15:00

1棟まるごと本屋さんビル！！
レトロ本屋が
大好きなんです ♡

シンガポール版神保町!?
レトロなビルで本屋めぐり

ブラス・バサー・コンプレックスは、本好きにはたまらないときめきスポット。なにしろ、レトロなコンクリート製4階建てのビルには上から下まで本屋がびっしり！アートから古本までさまざまなジャンルの本屋さんがあり、英語はもちろん、中国語、さらにアラビア語の本まで扱っています。さすがシンガポール、本屋さんまで多国籍。雑貨などを扱う店もあるので、覗いてみてはいかが？

★★★ プラス・バサー・コンプレックスの建物内には、そこかしこにウォールアートが描かれています。

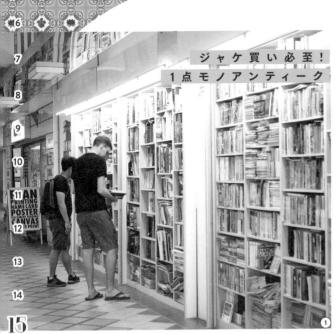

ジャケ買い必至！
1点モノアンティーク

①店舗の外壁にも、古い本が並ぶ ②シンガポールの有名実業家、Ho Kwon Pingの本S$35 ③シンガポールの歴史本S$66.60 ④革命中のイランのグラフィック回想録 S$15.50 ⑤パウロ・コヘーニョのベストセラー小説S$27.20

Book Point
アンティーク

ブック・ポイント

世界各地の古本を扱う。小さな店内には思わずジャケ買いしちゃいそうなかわいい表紙の本がたくさん！

MAP P.176 D-1 ☎6338-9106 🏠#02-69 ⏰10:00 ～19:00（金曜14:00～、日曜～18:00）🔒無休 💳○

①年季の入った店構え ②毛沢東がモチーフの機械式時計 各S$80 ③中国共産党のヴィンテージポシェット。ビニール製S$200

中国系

Evernew Book Store

エバーニュー・ブックストア

どっぷり中国系の本屋さん。新品の本が多く並びますが、貴重なヴィンテージの共産グッズも販売しています。

MAP P.176 D-1 ☎6338-1753 🏠#01-07 ⏰11:00 ～19:00（日曜～18:00）🔒無休 URL www.ever newbookstore.com 💳×

EVERNEW BOOK STORE
永 新 書 局
#01-07

Used Textbooks For SALE

意外とかわいい？
中国共産グッズに注目

Must 1 自分好みに紅茶を カスタムしてみる

シングルリーフは、量り売りで購入可能（50g S$10〜）。茶葉をブレンドし、自分だけのお茶を作るのがツウ！

1種類から量り売りOK！

Must 2 テイスティングで お気に入り フレーバーに出合う

おみやげの定番、オリジナルのブレンドティーは、香りを確かめてから購入を。お茶缶もかわいいので、パケ買いも◎。

Ⓐ6種類のティーセットS$160 Ⓑ一番人気のシンガポールブレックファストS$48 Ⓒティーバッグは15個入りで$30

Ⓐ Ⓑ Ⓒ

Best time!
15:00

やっぱり行きたい！ 行かなきゃ！
王道 *ティーブランド* で する べき 4つのコト

格別です。

香りに包まれて過ごす時間は豊かなお茶のスな空間の中、豊かなお茶のベてTWG Tea。ゴージャ使っている茶葉はもちろんヌーンティーを楽しむことも。ーやスコーンを使ったアフタでは、オリジナルのペイストリます。店舗併設のティーサロンか、ティーセットまで購入できなどのお茶菓子からマカロンフルラインナップの茶葉のほンズ店。800種類にも及ぶス アット マリーナベイ・サめのロケーションはショップり安く購入できます。おすす支店があり、日本よりもかなます。シンガポールでは各地にドとしてすっかり定着していあり、ラグジュアリーなブランWG Tea。日本にも支店がで創業したティーブランドT2008年にシンガポール

世界ブランドTWG Tea 本店だからできること

2 **1**

ケーキと
スコーンから
選べます

3
ティーサロンで
トキメキ♡の
アフタヌーンティー

ティーサロンでは、アフタヌーンティーをオーダーしましょう。オリジナルのアイスクリームも評判。

MENU
アフタヌーンティーセット
S$60 〜
アフタヌーンティーは2種類あり、こちらはFortune. スコーンは別途S$13でオーダー可。

---

1 ショッピングセンター内の池の上にサロンがある **2** 焼き菓子などもすべて自家製

TWG Tea Gardens at Marina Bay Sands

ティーダブリュジー・ティー・ガーデンズ・
アット・マリーナベイ・サンズ
シンガポール生まれのティーブランド

TWG Teaのショップス アット マリーナベイ・サンズ店。種類が膨大ですが、スタッフに聞けば詳しく解説してくれます。カラフルなお茶缶が並ぶ店内は、SNS映えすると人気。

MAP P.174 D-3 **☎**6565-1837 **🏠**2 Bayfront Ave., B2-65/68A（ザ・ショップス アット マリーナベイ・サンズ内）**◎**10:00 〜 22:00(金・土曜〜22:30) **🔒**無休 **📍**MRTベイフロント駅から徒歩5分〔マリーナ〕 **URL** twgtea.com ○

4
気分が上がる
オリジナルティーセットを
買ってしまう

TWG Teaのロゴ入りのティーセットも購入可。フルセット揃えれば、自宅がティーサロンに変身！

①ティーポットS$108 ②カップ＆ソーサー S$52 ③シュガーボウルS$53 ④ミルクポットS$46

Best time!
15:00

クオリティもコスパもハンパないっ！

ガーデンスパで半日おこもり

マッサージ以外の楽しみも 極上のリラックスタイム

シンガポールにはたくさんのスパ施設がありますが、なかでも特徴的でおもしろいのがガーデンスパ。自然豊かな環境にあるスパの呼び方で、トリートメントを申し込めばマッサージ客用のリ

ラクゼーションルームはもちろん、緑に囲まれたプールなどの屋外施設も使い放題になるんです。おまけに、営業時間内なら何時間滞在しても○K。

たとえば、深夜発の飛行機でシンガポールを出発する場合、ホテルのチェックアウ

ト後から閉店ぎりぎりまでガーデンスパで過ごすなんて使い方もできます。旅行の最後に、体をリフレッシュしてから帰国するというのはいかがでしょう。ちなみに、ガーデンスパはリゾートアイランドとして人気のセントーサ島に集中しています。

すべての施術室にプライベートガーデンが付いている

Spa Menu
アウリガ・シグネチャー・
ムーン・リチュアル (180分)
S$610
月の周期が及ぼすエネルギーを取り入れたオリジナルのトリートメントメニュー。

Auriga Spa
アウリガ・スパ
RWS内の高級スパ
セントーサ島の熱帯雨林に囲まれたホテル内にあるスパ。バイタリティプールやハーブスチームルームも人気です。

MAP P.185 B-2・3 ☎6591-5023 🏠1 The Knolls(カペラ・シンガポール内) ⏰8:00 ～ 22:00(施術は9:00 ～) 🔒無休 ♥セントーサ・エクスプレスのインビア駅から徒歩13分 〔セントーサ島〕 URL capellahotels.com/en/capella-singapore/wellness 📷○

たとえば
こんな過ごし方

カフェでランチや休憩も
プールサイドにはレストランやカフェがあり、ヘルシーな創作料理などが味わえる。

さまざまなサービスも
ソフィテル・スパの泥パックやアウリガ・スパのバイタリティプールなど、ゲスト利用できるサービスがある。

屋外プールでまったり
ソフィテル・スパは屋外プールを併設している。プールで泳いだり、プールサイドでゆっくりできる。

まずは、マッサージ
各スパでは、さまざまな様式のマッサージを用意。迷ったら、店おすすめのシグネチャーマッサージを。

★ ★ ★ 上記2つのスパはビボ・シティなどからのシャトルバスあり。詳しくは予約時に確認を。

Other Menu
リジュービネイティング・
ボディ・トリートメント（120分）
S$410
インヴィゴレイティング・
スクラブ＆マッサージ
S$330

ヒマラヤのボディスクラブ
を使ったマッサージもある

施術者は自由に利用できるバイタリティプール

広々したリラックススペースを備えている

Other Menu
ソー・ジャーニー・
ソー・アジアン（150分）
S$380
リジュービネイティング・
フェイシャル（75分）
S$230

メインプールの
横にはガーデン
もあります

Spa Menu
エグジラレイティング・
マッサージ（75分）
S$230
75分のオーソドックスな全身
マッサージ。ミディアムタッチ
で夢見心地になってしまう。

ココナッツを取り入れた
マッサージなどもある

Sofitel Spa
ソフィテル・スパ
プールやガーデンを備える巨大スパ

ソフィテル・ホテル直営。施術室はモダン
なデザインの建物内にあります。プールは
男女兼用と男女別の計3つ。男女別プール
の横には自由に使える泥パックも。

滝の流れる男女別プール

MAP P.185 B-3 ☎6708-8358 🏠30 Artillery
Ave. ◷9:30〜21:00 🔒無休 ♀セントーサ・バスの
sofitel Spaから徒歩1分〔セントーサ島〕 URL www.
sofitel-singapore-sentosa.com/spa-fitness 📧
○

泥パックをした
ら、専用のプール
で洗い流そう

チャイナタウン・コンプレックスにある、シンガポール人アーティストのYip Yew Chongさんの作品

おじさん、それなんて書いてるの？

シンガポールを舞台にした映画が公開されたのを記念した、コラボアート。スミス・ストリートとサウス・ブリッジ・ロードの角にある

16:00

IN THE *Afternoon* (14:00-17:00)

あっちもこっちも映えだらけ！

フォトジェニック壁、増加中

世界的なウォールアートブームにのっかって、シンガポールでもフォトジェニックな壁が増加中！

エリア別★COLLECTION

#ローカルの人とコラボショット
#ビレッジ・カレーのイートイン

#扉もアートの一部に
#イスタンブール・ターキッシュ・レストラン(→P.155)の脇の小道

#中秋節のワンシーン
#パゴダ・ストリートとテンプル・ストリートを結ぶ細い路地

#インドの日常風景
#ベリリオス・レーン

#派手な色使いと謎の人形
#ブルー・ジャズ・カフェの前

#昔のショップハウス
#モハメド・アリ・レーン

#リアルな屋台のウォールアート
#テッカセンター1階

#建物を大きく使った巨大壁画
#ビーチ・ロードとハジ・レーンの角

#かつての広東オペラ座
#テンプル・ストリートとサウス・ブリッジ・ロードの角

#個性的でコミカルなキャラクター
#ヒンドゥー・ロードとバブー・レーンを結ぶ路地

#不思議な生き物
#サバナ・ストリート

#「Yip Yew Chong」さんの思い出の家
#スミス・ストリートの細い路地

@ Little India
リトル・インディア

レトロ系からアート系まで豊富

ほかのエリアと比べると、広範囲にウォールアートが点在。MRTリトル・インディア駅付近から探し始めるのがおすすめです。

MAP P.181 B-3 〜 C-1

@ Haji Lane & @ Arab St.
ハジ・レーン&アラブ・ストリート

ビジュアル系アートウォール

アラブ・ストリートは細い裏路地に、ハジ・レーンは端から端までアートがぎっしりと描かれています。夜になると光るアートも。

MAP P.180 D-4・5

@ Chinatown
チャイナタウン

昔のシンガポールの風景

シンガポール人アーティストによる作品が中心。昔懐かしいチャイタウンの風景が特徴で、絵と一体化できる工夫がされている作品もあります。

MAP P.178、179

Best time!
16:00

世界のアイテム揃ってます!
多国籍なご褒美みやげがかわいすぎる!

バティックや、インド、アラブなど本場から取り寄せた
多国籍グッズを扱うショップも充実しています。

〉 東南アジアの伝統染め物 〈

Batik
（バティック）

マレーシアやインドネシアで作られる染め織物。主に伝統的な衣装に用いられますが、普段使いできる洋服やグッズもギフトとして人気です!

Ⓑ 爽やかなパステルカラーのクッションカバー各S$10〜。色のバリエも豊富

Ⓑ 紺地に金の絵柄が入ったペンケースS$9

Ⓑ バティックの端切れで作ったポーチS$7

Ⓐ 大きな牡丹の花や鳳凰があしらわれたセットアップ。トップスS$148、キュロット S$168。動きやすくて風通しもいい!

Ⓐ 上品な黄色地にグリーンで緑や花を描いたワンピースS$268。ウエストから下はゆったりシルエットで着心地抜群

Ⓐ シンプルなパフスリーブのリネントップスS$128とプラナカンスタイルのVivaパンツS$168

IN THE
Afternoon
(14:00-17:00)

おしゃれな洋服たくさんあります!

Ⓑ Toko Aljunied
トッコー・アルジュニード
プラナカンバティックの老舗

プラナカンスタイルのバティックを扱う老舗。伝統衣装から小物まで豊富な品揃えです。

MAP P.180 D-4・5 ☎6294-6897 🏠91 Arab St. ◷10:30〜18:00(日曜11:00〜17:00) 🈑無休 ♥MRTブギス駅から徒歩6分〔アラブ・ストリート〕🍸○

Ⓐ YeoMama Batik
ヤオママ・バティック
今ドキなオシャレバティック

バティックを今ドキにデザインした、南国気分を盛り上げてくれる商品が揃っています!

MAP P.172 E-1 ☎8761-0187 🏠65 Ubi Rd., 1 #01-87(オクスリー・ビズハブ内) ◷12:00〜19:00 🈑日〜火曜 ♥中心部からタクシーで20分〔郊外〕URL yeomamabatik.com 🍸○

★★★ インド雑貨は値引き交渉すると割引してくれます! ぜひトライしてみてください。

きらびやかなジュエリー入れ。大きさ、カラーはさまざま。3つでS$10

目立つこと間違いなしのインド刺繍の傘。日傘として利用できる。S$24〜

キラキラ＆カラフルな映えグッズ

Indian Goods

リトル・インディアには、きらびやかなインド雑貨が大集合！まとめ買いするとお得になるので、バラマキみやげにぴったりです。

Celebration of Art
セレブレーション・オブ・アート

インド直送のお手頃雑貨

本国から仕入れるインド雑貨は、乙女心をくすぐるキュートなデザイン！リトル・インディア・アーケードの一画にあります。

ゆるかわいいガネーシャの置物。右S$18、左S$48

インド伝統の刺繍が施されたクッションカバー S$28

MAP P.181 B-3 ☎6392-0769
🏠48 Serangoon Rd., #01-72/71 🕘9:00 〜 21:00 🔒無休 🚇MRTリトル・インディア駅から徒歩3分（リトル・インディア）

植物や動物、神様をかたどった判子。1つS$6 〜 12

値引きもOKよ

アラビック模様のミニ皿。いくつか組み合わせるのがかわいい1つS$5

持ち帰りたくなるエキゾチックみやげ

Turkish Goods

トルコ雑貨

エキゾチックなデザインのトルコ雑貨。ひとつあるだけで部屋の雰囲気が変わるような、インパクト大のアイテムが勢揃い！

チャイを飲むのに使うグラス。金細工でゴージャス。S$20

隣はペルシャ絨毯の店

細かく砕いた色付きガラスを組み合わせたランプ1つS$50 〜

Sufi Trading
スーフィー・トレーディング

ビビッドカラーの雑貨が揃う

老舗のトルコ雑貨屋さん。陶器やランプなどトルコ直送の雑貨が手に入ります。ランプが光る内装もきれいです。

MAP P.180 D-5 ☎6396-6489
🏠49 Arab St. 🕘10:00 〜 22:00
🔒無休 🚇MRTブギス駅から徒歩6分（アラブ・ストリート）

1 深いペルシャブルーのプレートS$20 〜

ブラックベースのシックな皿S$15。アクセ入れにいいかも

ばらまきみやげにぴったりなスプーン。中S$5、小S$3

富と繁栄を表す、鳳凰と牡丹が描かれた平皿S$35

豪華な陶器のお弁当箱S$58。360度牡丹が描かれている

カムチェンという器、中S$18、小S$28。キャンディー入れにもグッド

しずくのようなユニークな形の皿S$22。色使いがプラナカンらしい

食卓を一気に華やかにしてくれそうなスクエア型の平皿S$38

実用的な液体ソープ入れ各S$38。大きいサイズもある

大きな丸皿S$58は、インテリアとして壁などに飾るのもいい

お手頃な値段で勢ぞろい！
プラナカン食器をまとめ買い

全部欲しくなる！かわいすぎる食器を求めて

ピンクやエメラルドグリーンなど、見ているだけでテンションがアップするプラナカン食器。プラナカン食器の卸売をしているソウ・ワン・ポッタリー・ジャングルなら、中心部で買うよりもS$10〜20ぐらいお得！しかも、とにかく種類が豊富。中心部からタクシー利用となるので、単体で買うと大きな差はないですが、まとめ買いするなら行って損はありません！

Thow Kwang Pottery Jungle
ソウ・ワン・ポッタリー・ジャングル

国内唯一の現役登り窯

登り窯がある老舗の窯元。プラナカン以外にも、陶器や壺などあらゆる食器を扱っています。

MAP P.171 B-3 ☎6268-6121 ⌂85 Lorong Tawas ⊘9:00〜17:00 ⊙無休 ◉中心部からタクシーで35分〔郊外〕 URL thowkwang.com.sg ⭐️○

ココでも買えます！	▶Rumah Bebe→P.91 ルマー・ビビ ▶Kim Choo Kueh Chang→P.91 キム・チュー・クエ・チャン

★★★ 鉢植えやマグカップが作れるワークショップも開催しています（1人S$80）。

さまざまな色の組み
合わせがあるので、
お気に入りのデザイ
ンを掘り出そう

料理のアクセントに使えますよ

Best time!

17:00

帰国後もシンガポールを楽しみたい！

調味料＆フード系 グルメ アイテム を発見！

シンガポールで食べたあの味をお持ち帰り。
簡単に再現できる、優秀なメンツはコチラ！

> **こうやって使う！**
> 基本的にどの料理にも合う万能タイプ！餃子のタレに加えて薬味の代わりにしたり、ラーメンに入れてもおいしい。

辛いもの好きさん
マストバイ

ローカルグルメの定番！

> **こうやって使う！**
> サラダのトッピングに最適で、カリカリとした食感がアクセントに。クルトンの感覚でスープに入れるのもおすすめ。

03
FRIED ONIONS
フライドオニオン
麺料理のトッピングとしてよく目にする、玉ねぎをフライにしてチップ状になったもの。香ばしさをプラスしたいときに。S$2.65。Ⓐ

02
SAMBAL SAUCE
サンバルソース
マレー料理に必須の香辛料S$3.80。ニンニクやトマトなどが入ったものや甘辛、激辛までバリエ豊富。パスタやエビ、チキンとベストコンビ。Ⓐ

01
GREEN CHILLI
グリーンチリ
青唐辛子を酢漬けにした、シンガポールのローカル料理に欠かせないグリーンチリS$2.50。すっぱ辛い味がクセになりそう。Ⓐ

名脇役の塩だってあなどれない！

高級ソースでリッチな気分に

日本のしょう油とちょっと違う！

06
ABALONE SAUCE
アワビソース
アワビを使った贅沢なソースS$4.34。旨みが凝縮されているので、調理中に少し加えるだけでコクと深みが増します。Ⓑ

05
SALT
塩
カレーや炒め物、フライなどをぐっとおいしくしてくれる魔法のようなキッチンソルト。右はチキンソルト、左はターメリックソルト各S$4.70。Ⓒ

04
SOY SAUCE
しょう油
シンガポールのしょう油各S$4.55は、日本のしょう油に近いライトと、どろっとして甘口のダークの2種類。ダークは炒め物や煮込み料理に大活躍！Ⓐ

> **こうやって使う！**
> ソースやドレッシングとして使え、豆腐やサラダなどと相性ばっちり。ごはんにそのままかけて食べるのもイケます！

日本人に大好評のソース！

07
GINGER SAUCE
ジンジャーソース
スープ・レストラン（→P.47）のチキンライスにたっぷりトッピングされているジンジャーソースS$6.93。在住日本人の間で大人気。Ⓑ

加えるだけで シンガポールの味に！

調味料

いつもの料理にちょっと足すだけで、あっという間にシンガポールの味になる調味料はコレ☆

★★★ フェア・プライスはジュエル（→P.146）にも入っているので、帰国ギリギリまでショッピングが楽しめます！

簡単に
ローカル料理を再現
フード系

フードキットやインスタントなど、手間をかけずにローカルフードが楽しめる！

炊飯器に入れるだけ！

09
CHICKEN RICE PASTE
チキンライスペースト

チキンライスが炊ける調味料セットS$2.90。炊飯器にペーストとレシピに書いてある具材を入れるだけ。蒸した鶏肉を添えれば、チキンライスの完成！ Ⓑ

シンガポールみやげ永遠の定番

08
KAYA JAM
カヤジャム

カヤトースト（→P.30）に必須のジャムS$3。バターと一緒にパンにつけると最高！ ホットケーキや蒸しパンとも相性抜群。Ⓒ

見た目にそそられる

シュールに感じられる

11
CURRY NOODLE
カリーヌードル

パッケージが妙にそそられる。中華×インド料理がミックスしたカレーヌードルは、いかにもシンガポールらしいアイテムS$1.50。Ⓒ

こうやって使う！
日本でラクサを作るときは、インスタント麺でOK。鍋に入れると、ラクサ鍋ができちゃいます。

10
LAKSA PASTE
ラクサペースト

便利なラクサペーストS$5.25。ココナッツミルクを入れて、エビや卵、麺などの具材を加えたらあっという間にラクサの完成！ Ⓐ

13
BAK KUTTEH
バクテー

こうやって使う！
付属の粉末スープと骨付きの豚肉、ニンニクを煮込むだけ。料理が苦手な人でもチャレンジしやすい。ミニしょう油付き。

料理初心者でも大丈夫

バクテーのスープの素、S$3.26（右）、S$2.98（左）。ダークソース付きのものから、ハラルバージョンまでバリエーション豊富。Ⓑ

好評のインスタント麺

12
LOCAL NOODLE
ローカルヌードル

人気のインスタント麺シリーズのブラウン・ヌードル（右）とブラックペッパークラブ味各4パックS$12.95。それぞれしっかり素材の味がします。Ⓐ

Ⓐ Cold Storage
コールド・ストレージ

国内大手の高級スーパー

国内大手のチェーンスーパー。店舗によってコンセプトが少しずつ異なり、こちらの店は高級志向。

MAP P.182 D-4 ☎なし 🏠391 A Orchard Rd., Ngee Ann City, #B2-01-1（シンガポール高島屋S.C.内）⏰10:00～21:30 🔒無休 🚇MRTオーチャード駅から徒歩6分（オーチャード・ロード）URL coldstorage.com.sg 💳○

Ⓑ Fair Price
フェア・プライス

安さが自慢の庶民派スーパー

シンガポールのいたる所に支店があり、リーズナブルに食材を入手できて便利です。
DATAは→P.88

Ⓒ Mustafa Centre
ムスタファ・センター

なんでもそろう最強モール

広大な売り場に、野菜や肉、調味料までがずらりと並び、とにかく種類豊富！ 24時間営業なのもうれしい。
DATAは→P.144

お酒のおつまみに

14
SATAY KIT
サテーキット

ソース付きなので、鶏モモ肉だけ用意すればOK。作り方の解説もシンプルで分かりやすい！ S$7.08。Ⓑ

ツバメの巣ドリンク

香り豊かな
ローズティー

シミやシワを予防
してくれるローズ
ティーS$5。華や
かな香りがイライ
ラも和らげてくれ
る⑧

高級食材でもあるツバメの巣。気軽に取り
入れられるドリンクタイプで、飲めば肌がぷる
ぷるになるとか。6瓶入りS$106.90④

憧れの肌美人に！

美肌
— Beauty Skin

美肌効果が高い！

サンザシのお茶S
$4。ビタミンや
ミネラル、食物繊
維を含んでおり、
腸内環境の改善に
も効果あり！⑧

簡単スープパック

その名も「美顔湯」。
肌にいいとされる
8種類の漢方がセ
ットになり、気軽
にスープが作れる。
S$10.90④

女子の強い味方

婦人系
— Female Disorders

お湯などに
溶かして飲む

シソ科の生薬、丹
参のパウダーS$
8。血液の流れを
整え、心を落ち着
かせて代謝を高め
る効果がある⑧

生理不順をコントロール

生理不順や出産後の栄養バランスをコント
ロール。効き目により、1日に飲む錠数が異
なるので確認を。S$50.90④

血液のめぐりを
助ける

冷え性や貧血によ
いとされるトウキ
をはじめ4種類の
漢方入り。こちら
もスープパック。
S$16.50④

ただいま
調合中…

Best time!
17:00

効能別でセレクション！

漢方パワーで
内側からキレイに☆

シンガポール人の身近な薬として親しまれて
いる漢方。症状に合わせて調合してもらうの
が一般的。調合はハードルが高いので、初め
てでも気軽に試せる漢方をお教えします。

★★★チャイナタウンにあるユー・ヤン・サンは売り場が広くて品ぞろえも豊富です。

元気なカラダに！

健康
Health

カメの
ハーブゼリー

カメの腹甲などの生薬を配合したゼリー。暑さによる疲労回復やデトックス効果があるとされる。S\$8.50 Ⓐ

『 西洋人参スープ 』

滋養強壮に効果的な西洋人参入りの簡単スープパック。4種類の漢方が入っている。S\$14.50 Ⓐ

『 パワーがみなぎる！ 』

西洋人参を干してスライスしたものS\$30。夏バテや疲労、ストレスなどの症状を改善してくれる Ⓑ

効能も
味も◎

疲労回復労や食欲を増進させる薬膳スープが簡単に作れるキットS\$5.50〜。クセになる独特な味が人気 Ⓑ

腸の調子を整える

腸
Intestines

『 便秘を改善！ 』

水に溶かして
飲むだけ

便通をよくし、カロリーの吸収を抑える錠剤で、水に溶かして飲む。スリムな体を目指す人へ。S\$50.90 Ⓐ

便秘のほか、眼精疲労や肩こりにも効くクツメイシというマメ科の種子S\$4.80。煮詰めて飲む Ⓑ

腸内から
キレイに

腸など消化器の健康をサポートするスープパック。6種類の漢方が入っている。S\$12.90 Ⓐ

Ⓑ **Wong Yiu Nam Medical Hall**

ホアン・ユイ・ナン・メディカル・ホール

ローカル密着の本格派

シンガポールでも有数の老舗。本格的な漢方のほか、キットタイプや瓶詰めされたアイテムも充実しています。

[MAP] P.179 C-3 ☎6222-6602 🏠51 Temple St. ⏰9:00〜19:00 🔒無休 📍MRTチャイナタウン駅から徒歩2分〔チャイナタウン〕 [URL] wongyiunam.com 📷○

Ⓐ **Eu Yan Sang**

ユー・ヤン・サン

海外進出も果たす大手チェーン

1879年創業。効能別オリジナルブレンドの漢方ティーバッグは、漢方初心者でも取り入れやすいと評判。

[MAP] P.174 D-3 ☎6688-7273 🏠2 Bayfront Ave., #B2-57（ザ・ショップス アット マリーナベイ・サンズ内）⏰10:30〜22:00（金・土曜〜23:00）🔒無休 📍MRTベイフロント駅から徒歩5分〔マリーナ〕 [URL] www.euyansang.com.sg 📷○

\ お役立ち英語 /

『Which one is good for skin?』
—どの商品が肌に効きますか？

『Could you tell me how to take this herbal medicine?』
—この漢方の飲み方を教えてください。

『What is the most popular for souvenir?』
—おみやげで一番人気の商品は何ですか？

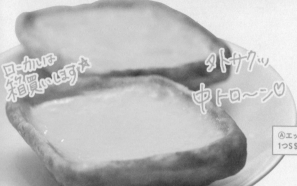

ローカルな箱買いします★

サクサクッ
中トロ〜ン♡

EGG TART

エッグ・タルト

チャインタウンの名物おやつ。ひし形のタルトととろっとしたクリームのハーモニーが最高で、何個でも食べられちゃう!

Ⓐエッグ・タルト
1つS$2.40

心和むほっこり系

MOON CAKE

月餅

蓮の餡が入った中国の定番お菓子。中国と同様、シンガポールでも日本のお月見にあたる中秋節に月餅を贈り合います。

小さいけど食べごたえアリ!

Ⓐミニ月餅
1つS$4.20

バナナ×フライの
ベストコンビ

PISANG GORENG

ピサン・ゴレン

サクッ。ねっとり

調理用の青いバナナに衣をつけ、からりと揚げたもの。バナナは熱を通すと驚くほど甘くなります。食感はねっとり。

Ⓑピサン・ゴレン(大)
S$1.50

Ⓐ **Tong Heng**
トンヘン
MAP P.178 D-3 ☎6223-3649 🏠285 South Bridge Rd. 🕘9:00〜19:00 🔒無休 🚇MRTチャイナタウン駅から徒歩5分[チャイナタウン] URL www.tongheng.com.sg 🗺×

Ⓑ **Kee's Crispy Goreng Pisang**
キース・クリスピー・ゴレン・ピサン
MAP P.180 F-4 ☎8212-9698 🏠505 Beach Rd., #B1-36[ゴールデン・マイル・フード・センター内] 🕘11:30〜16:00 🔒無休 🚇MRTニコル・ハイウェイ駅から徒歩7分[アラブ・ストリート] 🗺×

Ⓒ **Ah Chew Desserts**
アー・チュー・デザート
MAP P.176 E-1 ☎6339-8198 🏠1 Liang Seah St., #01-10/11 🕘12:30〜24:00(金曜〜翌1:00、土曜13:30〜翌1:00、日曜13:30〜) 🔒無休 🚇MRTブギス駅から徒歩3分[シティ] URL www.ahchewdesserts.com 🗺×

ヘルシースイーツ

TONG SUI

糖水

パパイヤや白キクラゲなどが入ったデザートスープ。ほんのり甘いスープは温かいので、冷房で体が冷えたときにぴったり。

Ⓒ白キクラゲとパパイヤ入り
糖水S$4

阿秋甜品
AH CHEW DESSERTS

パパイヤ
白キクラゲ
ヘルシーだから罪悪感0!

\ インドのパンケーキ /
ROTI PRATA
—— ロティ・プラタ ——

クレープのような薄いパン生地にカレーなどをつけて食べる南インドのスナック。チョコなど甘いつけダレもあります。

Ⓔ プレーン・プラタ
S$1.50

クレープっぽい軽さ

ちょっぴり辛めのソース

具沢山で
\ ボリューム満点! /
CURRY PUFF
—— カレー・パフ ——

ありそうでなかった、ごはん感覚のおやつ! じゃがいもなどの野菜とカレーを皮で包んで揚げたもの。

Ⓓ カレー・パフ
S$2

甘いモノ気分じゃないトキに!

マンゴー好き必食
MANGO SAGO
—— マンゴー・サゴ ——

タピオカの食感に似たサゴとハッサクのような柑橘系ポメロの実が入ったデザートは観光客人気ナンバーワンです!

毎日でも食べたい
トロピカルスイーツ

Ⓒ マンゴー・サゴ&ポメロ
S$5.20

つぶつぶ & プチプチ

Very Very Shiok! おやつ

体に染みる
優しい味わい
PUDDING
—— プリン ——

トッピングされた小豆の下には、優しい味わいの牛乳プリンが隠れています。素朴な味で心も安らぐ、あったかスイーツです。

小豆モリモリトッピング♡

Ⓒ 小豆入り牛乳プリン
S$4.50

下は素朴なプリン

Ⓓ **Old Chang Kee**
オールド・チャンキー
MAP P.181 A-3 ☎6518-3539 🏠19/21/23 Mackenzie Rd. ⏰11:00～17:00 🔒無休 ♥MRTリトル・インディア駅から徒歩4分[リトル・インディア]
URL www.oldchangkee.com ☓

Ⓔ **Mr & Mrs Mohgan**
ミスター・アンド・ミセス・モーガン
MAP P.184 E-1 ☎なし 🏠300 Joo Chiat Rd., Tin Yeang Restaurant ⏰6:30～13:00 🔒水曜 ♥中心部からタクシーで20分[カトン]☓

無駄カロジェラート

コーンをチョイス！
店で盛ってくれます

コーン（ダブル）
S$10.30

Ⓑ南国らしいフルーツフレーバーが揃います。こちらはストロベリーバジルとライチラズベリー

マンゴーアイス
S$8

一瞬で溶けるふんわりかき氷

マンゴー果肉

Ⓐふわふわ食感が不思議な台湾発祥のスノーアイス。頭がキーンとならないのがうれしい。

チェンドル・アイス
S$9

ニョロッとしたパンダンリーフのゼリー

あ爽

Ⓐ東南アジアで定番のかき氷。見た目はちょっと変わってますが、ほどよい甘さが人気です！

見た目以上のおいしさ⁉

Ⓓシンガポール伝統のかき氷。数種類のシロップや小豆、コーン、仙草ゼリーが意外とマッチ！

ピーナッツアイスカチャン
S$2

コーンとパールシード入り

香り高いローズゼリー

今や絶滅危機！

キンキンに
冷えてます！

COLD SWEETS

—— ひんやりスイーツ ——

暑いシンガポール観光のお助けマンは、キンキンに冷えたスイーツ！ クールダウンして午後も元気に乗り切りましょう！

愛しのマー様がアイスに♡

フレーバーもいろいろ

マーライオンポプシクル
S$8.90

©ありそうでなかった、マーライオン型のアイスキャンディ。食べる前に写真撮影を忘れずに！

昔ながらの屋台おやつ。屋台はヘリックス橋（→P.128）やオーチャード・ロードあたりによく出没します。

（→P.128）

アイスクリーム・サンドイッチ
S$1.50 ～

マンゴーアイス

ダブルサンド

ウエハース

マーブル食パン

マカデミアバタフライピー

濃厚なマンゴーソルベ

カップ（ダブル）
S$9

®添加物、保存料を使わないナチュラルジェラート。食材本来の味が凝縮してます！

BIRDS OF PARADISE

タピオカ入りの具だくさんスイーツ

仙草ゼリーかき氷
S$6.90

®ヤムイモやスイートポテト、タピオカなど5種類ほどのトッピングに、かき氷がのった、ボリューミーなスイーツ。

Ⓐ Mei Heong Yuen Dessert
メイ・ヒョン・ユェン・デザート
[MAP] P.179 C-3 ☎6221-1156 🏠63-67 Temple St. ⏱11:30 ～ 22:15 🔒月曜 ♥MRTチャイナタウン駅から徒歩5分〔チャイナタウン〕[URL] www.meiheongyuendessert.com.sg ×

Ⓑ Birds of Paradise Gelato
バード・オブ・パラダイス・ジェラート
[MAP] P.179 C-5 ☎9823-4091 🏠53 Craig Rd., #01-01 ⏱12:00 ～ 22:00 🔒無休 ♥MRTタンジョン・パガー駅から徒歩5分〔チャイナタウン〕[URL] birdsofparadise.sg ○

Ⓒ Ice Point
アイス・ポイント
[MAP] P.182 F-4 ☎なし 🏠176 Orchard Rd., #01-105（センター・ポイント内）⏱12:00 ～ 24:00 🔒無休 ♥MRTサマセット駅から徒歩5分〔オーチャード・ロード〕○

Ⓓ Jin Jin Dessert
ジン・ジン・デザート
[MAP] P.173 A-3 ☎9093-2018 🏠6 Jalan Bukit Merah, #01-21（ABCブリックワークス・マーケット・フード・センター内）⏱11:30 ～ 21:30 🔒水曜 ♥MRTレッドヒル駅から徒歩20分〔郊外〕×

Ⓔ Black Ball
ブラック・ボール
[MAP] P.181 C-5 ☎6884-9579 🏠201 Victoria St., #01-14（ブギス・プラス内）⏱11:30 ～ 22:30 🔒無休 ♥MRTブギス駅から徒歩4分〔アラブ・ストリート〕×

Very Very Shiok! おやつ

新加坡共和国 24H TIPS 午後

午後はシンガポールのディープな姿を覗いてみましょう！ おもしろスポットが満載☆

ARCHITECTURE

"映え建築コレクション"

シアター

台風や地震がほとんどないシンガポールでは、ユニークすぎる建物が次々と増えています。世界的に有名な建築家が手掛けたものも多く、建築マニアにはたまりません！

Esplanade Theatres on the Bay
エスプラネード・シアター・オン・ザ・ベイ

その見た目からドリアンの愛称で親しまれている劇場。レストランやバーなども入っている。
MAP P.176 E-4 ♠1 Esplanade Dr. ♥MRTエスプネード駅から徒歩10分〔マリーナ〕

コンドミニアム

Sky Habitat
スカイ・ハビタット

郊外のタワーマンション。階段のような造りで、最上階の連結部分はなんとプール。
MAP P.170 D-3 ♠7 Bishan St. 15 ♥MRTビシャン駅から徒歩9分〔郊外〕

Bishan Public Library
ビシャン公立図書館

ルービックキューブのような見た目が特徴。カラフルなガラスの個室が飛び出てユニーク！
MAP P.170 D-3 ♠5 Bishan Place #01-01 ♥MRTビシャン駅から徒歩3分〔郊外〕

図書館

遊歩道

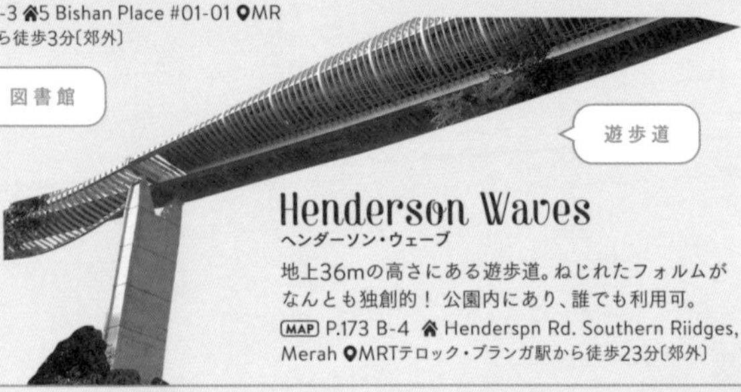

Henderson Waves
ヘンダーソン・ウェーブ

地上36mの高さにある遊歩道。ねじれたフォルムがなんとも独創的！ 公園内にあり、誰でも利用可。
MAP P.173 B-4 ♠ Hendersrpn Rd. Southern Riidges, Bukit Merah ♥MRTテロック・ブランガ駅から徒歩23分〔郊外〕

RIVER TAXI

"便利な船上タクシー"

計8カ所の船着き場があり、途中下船してリバータクシーとして利用できます。川沿いからマリーナなど、歩くと意外と遠い場所への移動も楽々です！

Singapore River Cruise
シンガポール・リバー・クルーズ

MAP P.177 B-4 ☎6336-6111 / 6336-6119 ⏰8:00
～10:00と17:00～19:00の間、随時運航 ⏳土・日曜
¥リバータクシー S$5 ⇒P.37〔リバーサイド〕URL
rivercruise.com.sg
※2024年4月現在、一時休止中

FRUIT JUICE

"南国フルーツで暑さを吹き飛ばせ！"

マンゴーやドラゴンフルーツなど、南国ならではのフルーツジュースで喉を潤してみませんか？ 生のフルーツをそのまま搾ってくれる店もあります。ジュースのほかスムージーもあり、1杯S$4.90～。

SF Fruits
エスエフ・フルーツ

MAP P.175 C-1 ☎なし ♠3 Fullerton Rd. ⏰8:30
～23:00頃 ⏳無休 ♥MRTラッフルズ・プレイス駅から徒歩3分〔マリーナ〕 🖥○

あの有名テーマパークの シンガポール版

日本でも大人気のユニバーサル・スタジオですが、アジアで2番目にオープンしたのがここシンガポール。統合型リゾート「リゾート・ワールド・セントーサ」の中に位置しており、園内は円を描くように周遊します。

Universal Studios Singapore
ユニバーサル・スタジオ・シンガポール

MAP P.185 B-2 🕙10:00〜19:00(日により変更の場合あり) 🔒無休 ¥1日パスS$83 ♥セントーサ・エクスプレスのリゾートワールド駅から徒歩2分〔セントーサ島〕 URL www.rwsentosa.com/en/attractions/universal-studios-singapore

Universal elements and all related indicia TM & © 2024 Universal Studios. All Rights Reserved.

NATIONAL HOLIDAY

祝祭日も多国籍!?

多国籍な国だけに、アジアや欧米各地の記念日が祝祭日に指定されています。中国の旧正月(チャイナタウン)やヒンドゥーのディーパバリ(リトル・インディア)には各エリアで盛大なイベントが催されます。

2024年の祝祭日一覧

1月1日	元日
2月10日〜11日	旧正月
3月29日	聖金曜日
4月10日	ハリ・ラヤ・プアサ
5月1日	レイバー・デー(労働者の日)
5月22日	ベサク・デー
6月17日	ハリ・ラヤ・ハジ
8月9日	ナショナル・デー(建国記念日)
10月31日	ディーパバリ
12月25日	クリスマス

CAUTION

MRTの禁止事項

地下鉄の構内や車両の中でも厳しいルールがあります。違反すると罰金を課されるので、うっかり違反しないように気をつけましょう!

- ☒ ホームまたは電車内は飲食禁止
- ☒ 禁煙
- ☒ ドリアン持ち込み禁止
- ☒ 可燃性物の持ち込み禁止

駅構内にルールが書かれてます!

THEME PARK

カオスすぎるテーマパーク

かのタイガーバームが造ったテーマパークで、敷地内には無数の不思議な像があります。中国の神話や寓話をモチーフにしているそうですが、正直に言って意味不明…。でもその独特の世界観が逆におもしろいと話題になっています。

タイガーバームは中国の薬品だよ

Haw Par Villa
ハウ・パー・ヴィラ

MAP P.171 C-4 ☎6773-0103 🏠262 Pasir Panjang Rd. 🕙9:00〜20:00 🔒無料 ♥MRTハウ・パー・ヴィラ駅から徒歩1分〔郊外〕 URL www.hawparvilla.sg

なぜか人魚が逆さ立ち

園内は入場無料

あっちもこっちも鳥だらけ!

2023年5月、シンガポール動物園などがあるマンダイ・ワイルドライフ・リザーブにバードパラダイスがオープン! 3500羽もの鳥が暮らす園内は、まさに「鳥の楽園」。鳥たちのパフォーマンスが見られるプレゼンテーションも人気です。

Bird Paradise
バードパラダイス

MAP P.171 C-2 ☎6269-3411 🏠20 Mandai Lake Rd. 🕙9:00〜18:00 🔒無休 ¥S$49 ♥P.25〔郊外〕 URL www.mandai.com/ja/homepage/bird-paradise.html

鳥類イベントも開催してます!

インコへの餌やりもできる

©Mandai Wildlife Group

you go where?

IN THE

NIGHT

18:00 - 21:00

シンガポールは夜が更けるにつれて、盛り上がりアップ！キラキラと輝きだす街は活気づき、昼間とは違う姿を見せてくれます。動物園に、サテー屋台、ナイトショーなど夜だけしか楽しめないハイライトがモリモリです。

無料のナイトショー
「OCBC ガーデン・ラ
プソディ」(→P.127)は
シンガポールの夜の目
玉のひとつ

18:00 ローカル色強め ウワサの **マッサージビル** へ 潜 入 !

ビルはチャイナタウンのシンボル

マッサージ店がずら〜り！

IN THE *Night* 全 (18:00-21:00)

Tips!
マッサージのメニューは店頭に掲げてあります。店によって足つぼ以外にも肩や頭などのコースを選べる場合もあります。

1 テンプル・ストリートからビルの全体像が見られる **2** ちらりと覗き込みながら気になるお店を見つけよう **3** 日本語が書かれた看板やメニューを掲げたお店もある **4** 足つぼで不調を解消！

People's Park Complex
ピープルズ・パーク・コンプレックス
見るだけでもおもしろい！
「珍珠坊」と書かれたひと際目立つビル。衣料品や雑貨などの中華系の店が雑多に入っていて、中華系のローカルたちでいつにぎわっています。

MAP P.179 C-2 **介** 1 Park Rd. **⊙** 店舗により異なる **⊕** 店舗により異なる **⊘** MRTチャイナタウン駅から徒歩1分［チャイナタウン］

安いマッサージ店を求めてディープなビルへ迷い込む

チャイナタウンの駅前に立つ細長いビル。この中にマッサージ専門店が集まるディープなエリアがあります。街中と比べてここはダントツの安さが魅力！

マッサージ店が密集する3階のフロアでは、中国語が飛び交い、お客の姿が見えるなり積極的な呼び込み合戦が始まります（英語は比較的通じるのでご安心を）。店員さんの猛烈プッシュに負けないようにご注意！おすすめの3店はこちら。

整然と並べられた椅子に座って施術を受ける

Teo Chew Meng Reflexology Centre

テオ・チュウ・ミン・リフレクソロジー・センター

日本人のリピーター多し!

同じビル内に支店もある人気店。日本人の利用客も多く、日本語メニューもあります。通路から店内が見え見えですが、技術はバッチリです!

MAP P.179 C-2 ☎6223-1268 🏠1 Park Rd.、#03-K79（ピープルズ・パーク・コンプレックス内）🕘9:00～21:00 🔒無休 🚉MRTチャイナタウン駅から徒歩1分（チャイナタウン）💳×

足マッサージ
30分S$15、45分S$20

Hua Tuo Massage

フア・トゥオ・マッサージ

初めての人でも入りやすい

丁寧なサービスが安心のマッサージ店。マッサージの後には、内臓を温めてくれるオリジナルのジンジャーティーをサービスしてくれます。ボディマッサージもあります。

MAP P.179 C-2 ☎8756-1588 🏠1 Park Rd.、#03-05（ピープルズ・パーク・コンプレックス内）🕘10:00～22:00 🔒無休 🚉MRTチャイナタウン駅から徒歩1分（チャイナタウン）💳○（カード払いの場合+3%）

中華らしいデコレーションが雰囲気抜群!

足マッサージ
30分S$15、45分S$20

Mr. Lim Foot Reflexology

ミスター・リム・フット・リフレクソロジー

積極的なスタッフが出迎えます

赤い文字の看板が目印。カラフルなTシャツをかけた椅子が並ぶディープな店です。足つぼと組み合わせて、首や肩、頭などがセットになったメニューもおすすめです。

MAP P.179 C-2 ☎6327-4498 🏠1 Park Rd.、#03-54（ピープルズ・パーク・コンプレックス内）🕘10:00～22:30 🔒無休 🚉MRTチャイナタウン駅から徒歩1分（チャイナタウン）💳×

肩マッサージ専用の椅子も用意されている

足マッサージ
30分S$15、45分S$20

S$2.50

3つでS$10

S$10 ②

S$3.50 ①

S$2.50

④

③

① お守りはカラーバリエーションが豊富❶ ② 蓋付きで冷めにくい茶器❹ ③ 中華料理のマグネットは数店舗で販売している ④ 中国語ポーチ。それぞれ、勉強してお金を稼いでね（上）、愛しい妻のお金（下）という意味❸

Best time!
18:00

夜のチャイナタウンの屋台で見つけた
Under S$10
安カワ チャイナグッズ ハント！

狙いはアンダーS$10
チャイナなおみやげ探し

安カワなおみやげを探すならチャイナタウンがベスト！夜になると提灯や看板がライトアップされて、昼間よりも盛り上がります☆

通りの両側に茶器やお祭りで使う装飾品など、中華系のグッズを安く販売する屋台がずらり。特にパゴダ・ストリートやトレンガヌ・ストリートは屋台が並ぶにぎやかな通り。まとめ買いがお得です。

Ⓐ Orchid Chopsticks
オーキッド・チョップスティック
中華雑貨が豊富です
茶器やお箸を中心に扱うギフトショップ。伝統的な雑貨も販売しており、高価なものからお手頃なものまで幅広く揃えています。
MAP P.178 D-3 ☎6423-0488 🏠65 Pagoda St.
🕙10:00～22:00 🔒無休 ♥MRTチャイナタウン駅から徒歩3分（チャインタウン）🚇○

Ⓑ Gemini
ジェミニ
中華イベントに欠かせません！
旧正月などの中華系のお祭りやお祝いで使用する装飾を販売。提灯やお守りなど、店内を埋め尽くすほどのグッズが並んでいます。
MAP P.178 D-3 ☎9008-1568 🏠57 Pagoda St.
🕙11:00～18:30 🔒無休 ♥MRTチャイナタウン駅から徒歩3分（チャインタウン）🚇×

Ⓒ Zhongyi Antique House
シャンイー・アンティーク・ハウス
まとめ買いがお得
ポーチやお守りなどギフトにぴったりの中華アイテムがゲットできます。置物などの本格的な中華雑貨もあります。
MAP P.178 D-3 ☎6227-4986 🏠20 Trengganu St.
🕙10:00～22:00 🔒無休 ♥MRTチャイナタウン駅から徒歩3分（チャインタウン）🚇○

⑤ 3つでS$10

S$8   S$10

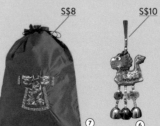

⑦   ⑥

⑤ 手のひらサイズの茶器は柄の種類さまざま❹ ⑥ 2024年の干支、ドラゴンのめでたい装飾❸ ⑦ スーツケースの小分けに便利な巾着袋❸

★★★ 中には英語が通じない店舗もあるので、翻訳アプリを使って乗り切りましょう！

118

屋台が集まる
パゴダ・ストリート

1 夜になると雑貨
店のほかに飲食店の
屋台もにぎやかさを
増す 2 激安アイテ
ムを掘り出そう!

ハデカワな
アイテムが
たくさん♡

ライトアップされたテラス席が人気のレッドドット・ブリューハウス

Best time!

19:00

ちょっぴり遠くにきたような特別感がいい

長居したくなる *特別な* レストラン

夜の緑に囲まれてチルアウト

デンプシー・ヒルとロチェスター・パークは、かつてイギリス領時代に兵舎や将校の住居あったエリア。現在はおしゃれなレストランやカフェ、雑貨店などが集まる大人の隠れ家となっています。日が暮れるとさらにムーディーな雰囲気が増して、隠れ家度がぐんとアップします。そんな場所でいただく食事とお酒は、雰囲気も手伝ってより美味に感じるハズ。

What's

ブラック・アンド・ホワイト・ハウス？

ロチェスター・パークにある、英国海軍将校の住宅だった建物。コロニアル調の建築を生かし、レストランとして利用されています。

クラウディーンには、昔のステンドグラスがそのまま残っている。地元の結婚式にもよく利用される

★★★ レッドドット・ブリューハウスはシンガポール初の家族経営の醸造所がオープンさせました。

×CRAFT BEER

RedDot Brewhouse

レッドドット・ブリューハウス

できたてビールを召し上がれ！

醸造所を併設するビアレストラン。常時7種類のビールを提供しており、毎月2〜3種類の限定メニューも楽しめます。

[MAP] P.173 A-2 ☎6475-0500 ♠25A Dempsey Rd., #01-01 ⏰11:30〜22:30（月曜〜22:00、金・土曜〜23:00）🔓無休 ♥中心部からタクシーで20分（郊外）[URL] www.reddotbrewhouse.com.sg 🚭○

❶ スーパーフードのスピルリナを使ったモンスターグリーンラガー S$14〜17 ❷ 世界的な大会で受賞歴のあるチェコピルスナー S$13〜16 ❸ ミックスサテー S$24 ❹ ハムのクロケット S$16

×MEDITERRANEAN

オリジナルカクテルはS$22〜

地中海の前菜盛り合わせS$32、クラブエンジェルヘアパスタS$36、チキンコップサラダS$28、ビーフ・レンダンS$39

The Dempsey Project

デンプシー・プロジェクト

大人の隠れ家レストラン

デンプシー・ヒルの中心にあるレストラン。天井が高く開放感満点の店内には多くのグリーンが配されています。ヨーロッパや北アフリカなど地中海料理が自慢。

[MAP] P.173 A-2 ☎6475-2005 ♠Block 9 Dempsey Rd. #01-12 ⏰8:00〜21:00（金・土曜〜22:30）🔓無休 ♥中心部からタクシーで約20分（デンプシー・ヒル）[URL] thedempseyproject.com

×FRENCH

新鮮な魚介がたっぷりのクラウディーンブイヤベースS$198（2〜3人前）

Claudine

クラウディーン

コロニアルな一軒家

1930年代に建てられた教会をリノベしたレストランです。フランスの家庭料理を現代的にアレンジした料理を味わえます。外のガーデンも素敵ですよ。

[MAP] P.173 A-2 ☎8031-9935 ♠39C Harding Rd. ⏰11:45〜14:00、18:00〜22:00（土・日曜11:30〜15:00、18:00〜22:00）🔓無休 ♥中心部からタクシーで20分（デンプシー・ヒル）[URL] www.claudinerestaurant.com 🚭○

トレイルでしか見られ
ない動物もたくさん

Best time!

19:00

夜のアニマル探検へGo！

ナイトサファリでしか
できないコト7

ここだけオープンの
アニマル
パラダイス！

Night
Safari

夜の大本命！
世界初、夜の動物園

シンガポール動物園のすぐ横にあるナイトサファリは、19時から深夜にかけてオープンする「夜限定の動物園」。ここで飼育されているのは夜行性の動物ばかり。昼間は寝ている動物たちも、夜になると活発に動き回ります。敷地は街灯のほとんどない真っ暗闇のジャングル。動物たちの鳴き声がどこからともなく聞こえてきて、胸が高鳴ります！

01 トラムで密林の中の
動物に遭遇する

園内はトラムで一周できる。料金はチケットに含まれている。1周約30分で、英語のガイドテープを聞きながら回る。開園直後は混み合うので時間をずらすのがおすすめ。

★★★　園内には屋台風レストランの「ウルウル・サファリレストラン」があり、しっかりした食事ができます。

動物たちの
生態系も学べる！

02 ___ かわいい度100%の プレゼンテーション！

ビントロングやフェネックなどの動物たちが自然な生態を見せてくれるプログラム。公式アプリで予約可能。
Schedule：19:30、20:30、21:30

03 ___ 希少動物を見つける

園内で飼育されている約100種のうち、およそ4割が絶滅危惧種。必見は激レアなホワイトライオン！

トラムとトレイルで
見られる動物が
違います

04 ___ 曜日限定！ レアな動物の 餌やりイベントへ

園内の数カ所で飼育員による餌やり＆ガイドトークが行われる。対象の動物は全部で5種類。
Schedule：ライオン 金・土曜20:00、21:00、ホワイトタイガー 金・土曜20:30、21:30、アルマジロやスローロリスなど、タスマニアデビル 毎日20:00、ワラビー 毎日21:00

05 ___ ジャングルを散策し 夜の動物に迫る

途中には動物の
解説コーナーも

トレイルを歩いて動物たちに会いに。4つのトレイルがあり、観測スペースから間近に見られる。

07 ___ ナイトサファリ オリジナルグッズを買う

ギフトショップで、ナイトサファリ限定のアイテムをゲットしよう！店は深夜まで営業している。

❶フェネックのぬいぐるみS$29 ❷動物の耳を付けたカチューシャ S$12

06 ___ LEDライトによる 光とダンスの ショーにうっとり

毎日、入口そばで行われるLEDライトによるダンスパフォーマンス。時間が合えばぜひ足を止めて見学してみて。
Schedule：20:15、21:15（雨天中止）

Night Safari
ナイトサファリ
夜のシンガポールの名物
園内には約100種類、約900頭の動物が飼育されています。トラムまたはトレイルで回ります。

MAP P.171 C-2 ☎6269-3411 🏠80 Mandai Lake Rd. ⏰19:15 ～ 24:00 🔒無休 ¥S$55（トラム料金込み）🚕中心部からタクシーで約30分。公共の交通機関の場合は、MRTのカティブ駅からマンダイ・ワイルドライフ・リザーブに行くシャトルバスが運行している。料金はS$3で、イージー・リンク・カードで利用できる。中心部からは1時間～1時間30分程度（郊外）**URL** www.mandai.com/ja/homepage/night-safari.html

Photo:Mandai Wildlife Group

サテー以外も食べられます！

Best time!

19:00

ナイトショー前にちょっとイッパイ！
サテー屋台で乾杯♪

マーライオンから徒歩5分

ビールは売り子を呼んで注文！

Lau Pa Sat Festival Market
ラオ・パ・サ・フェスティバル・マーケット

ホーカース併設のサテー屋台

通りにサテー屋台が並ぶ。おすすめは日本のTVにも出たBest Satay。料金はサテーAセットS$26。

MAP P.175 A-4
DATA→P.48

NEXT PLAN
スペクトラ 20:00 (→P.126)

❶サテーにはやっぱりタイガービール！ 各S$6 ❷サテーAセットにはチキン10本、マトンまたはビーフ10本、エビ6本が付く

★★★ サテーは、ピーナッツベースの甘辛特製ソースにつけて食べましょう。

124

ブラウンサテー。1本SS2

オイスターオムレツ SS6〜

サテー20本盛り合わせ SS20

夜景のショーの前に行きたい
サテー（焼き鳥）屋台

路上での飲食屋台が禁止されているシンガポールですが、唯一の例外がラオ・パ・サ フェスティバル・マーケットのサテー屋台。サテーとはマレー風焼き鳥で、ピーナッツベースの甘辛いタレにつけて食べます。屋台の出るブーン・タット・ストリートは、19時まではたくさんの車が行き来する普通の通り。だけど、時間がくると一変！テーブルや椅子が次々と並べられ、アジアならではの熱気あふれる屋台街に変身します。紹介する2軒は、夜景ショー会場のそば。腹ごしらえして、夜のメインイベントへと向かいましょう！

サテーはマレーシアのソウルフード！

席は自由に座ってOK

Satay by the Bay
サテー・バイ・ザ・ベイ

地元っ子も御用達

ガーデンズ・バイ・ザ・ベイ（→P.28）の敷地内にあるホーカース。サテーのほかシーフードやローカルフードのストールが並ぶ。

MAP P.174 F-3 ☎6538-9956 🏠18 Marina Gardens Dr.（ガーデンズ・バイ・ザ・ベイ内）⏰11:00〜22:00 🔒無休 📍MRTガーデンズ・バイ・ザ・ベイ駅から徒歩10分［マリーナ］URL www.gardensbythebay.com.sg/en/things-to-do/dine-and-shop/satay-by-the-bay.html

NEXT PLAN
OCBCガーデン・ラプソディ 19:45（→P.127）

ガーデンズ・バイ・ザ・ベイから徒歩3分

注文を受けてから焼きます

20店舗ほどのストールが並ぶ

ナイトショー、私はここで見る！

対岸から！
マーライオンがある対岸からはMBS屋上から出るレーザーも見られる。

マリーナを輝かせる豪華ショー

マリーナベイ・サンズの前で開催される、ストーリー仕立てのショー。噴水や水を利用したスクリーンにシンガポールの歴史などの映像が映し出される。
Marina Bay Sandsは→P.38

20:00 / 21:00 （金・土曜20:00/21:00/22:00）

Spectra
スペクトラ

@ Marina Bay Sands

MBSのお膝元から！
マリーナベイ・サンズの下からは華麗な水のショーが堪能できる。

無料で見られる！超太っ腹な夜景ショー

マリーナベイ・サンズ（MBS）やガーデンズ・バイ・ザ・ベイがあるマリーナエリアでは、シンガポールに来たら絶対外せない2つのナイトショーが開催されます。どちらも音楽に乗せて光ったり、レーザーまで出る壮大なスケールで、約15分にわたり未来都市へと誘ってくれます。おまけにこのショー、なんと見学無料なんです。行かない手はないでしょう！

船から！
シンガポール・リバー・クルーズでは、ショータイム限定のクルーズを催行。

★★★ シンガポール・リバー・クルーズ（→P.37）の夜のクルーズに乗れば、船上からナイトショーが見られます。

126

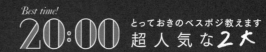
音楽とスーパーツリーのコラボショー
ガーデンズ・バイ・ザ・ベイで
行われる。12本のスーパーツリ
ーが音に合わせて点灯、点滅を
繰り返す。次々と変わる光の競
演から目が離せない！
Gardens by the Bayは→P.28

8

9

10

11

12

13

14

15

16

17

👓 **下から！**
会場はスーパーツリー・
グローブ。下からツリーを
仰ぎ見るかたちになる。

18

19:45 / 20:45

OCBC Garden Rhapsody

OCBCガーデン・ラプソディ

20

@ Gardens by the Bay

21

👓 **橋の上から！**
スカイウェイから間近
に。別途入場料が必要。

2つのショーは時間がずれているので、はし
ごが可能。スペクトラからOCBCガーデン・
ラプソディへのルートはこちら。

2大ショーのハシゴルート

22

23

0

まっすぐ進む
突き当たりまで来たら、階段
を下りる。なお、対岸から見
た場合もぎりぎり間に合う。

直通ブリッジを渡る
タワー1の2階にある直通通
路を渡る。あとはひたすらま
っすぐ歩く。

ショッピングセンターの中を通る
MBSのお膝元でショーを見た
ら移動。ショッピングセンタ
ーに入り右手の専用通路へ。

21:00 マリーナ沿いをぐるり！
夜景スポットマラソン風さんぽ

B 21:07 Helix Bridge

A 21:00 Singapore Flyer

0.6km 7分

0.7km 9分

MBSの下をくぐって近道！

1.2km 17分

マリーナ湾沿いをテクテク

1.8km 23分

C 21:33 Gardens by the Bay

IN THE *night* (18:00-21:00)

D UOB Plaza
ユーオービー・プラザ
平日の夜が狙い目！
高層ビル群のなかで特に目立つのが、United Overseas Bankのビル（UOB）。オフィスの明かりが作り上げる夜景は、色とりどりで美しいです！
MAP P.175 C-4 ●MRTダウンタウン駅から徒歩3分〔マリーナ〕

B Helix Bridge
ヘリックス橋
MBSとセットで撮りたい
対岸にあるMBSを結ぶ歩道橋。紫色に光るのは、DNAの二重らせんをイメージしたアーチ。まるでSF映画のような雰囲気です。
MAP P.174 E-1 ●MRTプロムナード駅から徒歩9分〔マリーナ〕

A Singapore Flyer
シンガポール・フライヤー
のんびり空中さんぽ
高さ165mの観覧車。約30分かけてゆっくりと回りながら、マリーナ周辺の絶景を360度見渡すことができます。
MAP P.174 E-1 ☎6333-3311 ⌂30 Raffles Ave. ◎10:00〜22:00 ⋒無休 ¥S$40 ●MRTプロムナード駅から徒歩8分〔マリーナ〕 **URL** www.singaporeflyer.com

★★★ MBSからガーデンズ・バイ・ザ・ベイ間の近道は→P.127を参照ください。

128

シンガポールの夜景はショーだけじゃありません。マリーナ治いは、キラキラ輝くベストビューが集まるエリア。シンガポール・フライヤーを起点にMBSをくぐり、ガーデンズ・バイ・ザ・ベイまで行き、マーライオン公園まで回るのが王道コースです。個人的ハイライトは高層ビルが集まるユーオービー・プラザ。週末になると光のにぎやかさが欠けてしまうので、平日に回るのがおすすめ。夜のマーライオンもスポットライトを浴びてより勇しく見えます。

ネオンの美しさで暑さも感じない…と言いたいところですが、夜でも高温多湿なので油断は禁物。こまめに休憩を取りながら、スローなマラソンをするぐらいの心構えで巡りましょう!

21:56
UOB Plaza

1㎞ 12分

22:08
Merlion Park

0.1㎞
1分

マーライオン公園から
バッチリ全体が
見える!

22:09
Marina Bay Sands

Ⓒ Gardens by the Bay
ガーデンズ・バイ・ザ・ベイ
DATAは→P.28

Ⓔ Merlion Park
マーライオン公園
DATAは→P.36

Ⓕ Marina Bay Sands
マリーナベイ・サンズ
DATAは→P.38

夜ごはん

食べ出したら止まらない
甘辛ソース

CHILLI CRAB

チリクラブ

カニを丸ごと揚げて、ピリ辛のチリソースをかけた豪華なチリクラブ。けっこうお高めですが、一度は食べておきたい絶品料理です！

出来立てホヤホヤ

カニはスリランカやインドネシア産が定番。食べるときは手で持って豪快にかぶりつくのが一番。旨みを存分に吸い尽くそう！

惜しみなく
チリソースを
つけて！

チリクラブ
1kg S$108～

Ⓐ ピリ辛のチリソースにオリジナルトマトソースを加えた、辛めのチリソース。カニはスリランカクラブやアラスカキングクラブ、スコティッシュクラブから選べます。

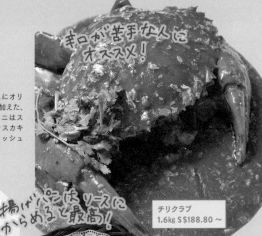

辛口が苦手な人に
オススメ！

チリクラブ
1.6kg S$188.80～

Ⓑ トマトケチャップを使った自慢のチリソースは、子どもも食べられるぐらいの甘口に仕上げられています。こってりとした濃厚ソースは揚げパンとも相性抜群です！

オレンジの酸味が爽やか～♪

揚げパンはソースに
からめると最高！

チリクラブ
1kg S$108～

Ⓒ 海外にも広く展開する高級海鮮レストランのチリクラブ。チリソースの隠し味はオレンジピールやジュース！ 酸味が効いた爽やかな口当たりは地元でも評判です。

HOW TO EAT

専用のハサミで殻を割り、細長い棒（カニフォーク）を使って爪などの身をかき出し、豪快に手で食べます。汚れた手はボウルの水（右）で洗うか、おしぼり（左）でふきましょう。

カニのバリエは
多彩！

OTHER CRAB

—— 他のカニ料理 ——

カニ料理はチリクラブだけではありません。
シンガポール定番のローカルフードとコラボ
するなど、想像以上にカニの可能性は無限大！

ご飯が欲しくなる
ヤミつきの味
麺なのか！？
カレーなのか！？

ホワイトペッパークラブ
1kg S$108〜

キレのある味！

Ⓐ 白胡椒をふんだんに使って
味付けしたカニは、刺激強め
な胡椒の香ばしさが食欲をそ
そります！

クリーミークラブ
1.6kg S$188.80〜

Ⓑ 牛乳やバターを使っ
たコクのあるソースをか
けたカニ料理。チリソース
とは違う、まったりとした
濃厚さはリピしたく
なります！

濃厚バターの
罪な一品

カリーラクサクラブ
1kg S$108〜

Ⓒ 定番ローカル麺、ラクサ（→
P.66）にカニを丸ごと投入する
というダイナミックな発想から
生まれた一品。カレー味なので
スパイシーでまろやか。

豪華な食材
大集合！

SEAFOOD

—— シーフード料理 ——

島国ならではの魚介料理も豊富。特に新鮮な
エビを使った料理は中華レストランでオーダ
ー必須のメニューです。

キングブラウンスープ
S$16

贅沢スープ！

Ⓑ 牛乳や鶏出汁で煮込んだ、コクのあるク
リーミースープ。中にはキングブラウンと
春雨が入っています。

口から飛び出そうなぐらい
プリップリ！！

四川風エビ炒め
S$42

Ⓓ 甘めに味付けしたしょう
油ベースのソースを絡めた
エビは、しっかりとした歯
応え。飲茶と一緒にオーダ
ー可能。

エビのクリスピー揚げ
S$40

香ばしさ
ピカイチ♡

Ⓒ カリカリに揚げたエビに、
香ばしいオーツ麦をミック
ス。箸が止まらなくなるぐ
らいのおいしさです！

Ⓐ Red House
レッド・ハウス

MAP P.177 B-3・4 ☎6442-3112 🏠3C River Vall
ey Rd., #01-02/03 ⏰12:00〜14:30、17:00〜
22:00 🚫無休 🚇MRTフォート・カニング駅から徒歩
4分（リバーサイド）URL www.redhouseseafood.
com 📱○

Ⓑ Palm Beach
パーム・ビーチ

MAP P.175 C-2 ☎6336-8118 🏠1 Fullerton Rd.,
#01-09（ワン・フラトン内）⏰12:00〜14:30、
17:30〜22:30 🚇MRTラッフルズ・プレイス
駅から徒歩8分（マリーナ）URL www.palmbeachs
eafood.com 📱○

Ⓒ Tung Lok Seafood
トン・ロック・シーフード

MAP P.182 F-5 ☎6834-4888 🏠181 Orchard
Rd., #11-05（オーチャード・セントラル内）⏰11:30
〜15:00、18:00〜22:30（日曜10:00〜15:00、
18:00〜22:30）🚫無休 🚇MRTサマセット駅から
徒歩5分（オーチャード・ロード）URL www.tunglok
seafood.com 📱○

Ⓓ Li Bai Cantonese Restaurant
リーバイ・カントニーズ・レストラン
DATAは→P.50

夜ごはん

ガーデンに囲まれた癒しの空間

プロウン（エビ）の タリオリーニ

Marguerite
マーガレット

緑あふれるガーデンレストラン

フラワー・ドーム内にあるレストラン。ミシュラン星付きシェフのマイケル・ウィルソンが生み出すイタリアベースの創作料理が味わえます。

MAP P.174 F-2 ☎6604-9988 🏠18 Marina Gardens Dr, #01-09(ガーデンズ・バイ・ザ・ベイ フラワー・ドーム内) 🕐12:00〜15:00、18:00〜20:00LO(火・水曜はディナー営業のみ) 🚫月曜 📍MRTガーデンズ・バイ・ザ・ベイ駅から徒歩10分(マリーナ) URL marguerite.com.sg 🈂〇

料理だけにもお花 🌸🌸

オムニボア テイスティングメニュー S$288〜

全11皿からなるコースメニュー。オムニボアとは「雑食」という意味で、野菜から肉、魚介までさまざまな食材を使用。

牡蠣のムースとスモークウナギにだし汁を合わせて

＼ 注目度アップ中のレストラン ／

FUSION CUISINE RESTAURANTS
—— フュージョン料理レストラン ——

凄腕のシェフが手がける、フュージョン料理のレストラン。近年話題の名店をご紹介！

夏をイメージしています☀

まるで芸術のような美しさ✨✨

Jaan
ジャーン

市内を一望する絶景レストラン

イギリス人シェフの生み出す、独創的なフュージョン料理。味もさることながら、盛り付けの美しさにも目を奪われてしまいます。

MAP P.176 D-3 ☎9199-9008 🏠2 Stamford Rd., 70F(スイソテル・ザ・スタンフォード内) 🕐11:45〜14:30、18:30〜22:30 🚫月曜、火・日曜のランチ 📍MRTシティ・ホール駅から徒歩5分(シティ) URL www.jaan.com.sg 〇

セットディナーメニュー S$388〜

料理はシーズンにより変わる。こちらは夏メニューの一例。

Liao Fan
Hawker Chan

リアオ・ファン・ホーカー・チャン

ミシュランで話題になって大出世

チャイナタウン・コンプレックスのホーカースが本店。オープンと同時に、地元の人の間で評判となりあっという間に人気店に。お昼時は特に混雑します。

DATAは→P.47

つるつるコシのある
細麺

濃厚いなソイソースチキン

ライスバージョンもあります🍚

シンプルだけど奥深い味です!!!

チャーシューヌードル
S$7.80

喉越しのいい麺と一緒に、やわらかいソイソースのチキンを召し上がれ。本店よりこちらの店舗の方がメニューが充実している。

\ 世界も認める安ウマがここに! /

MICHELIN ONE STAR
── 安い!ミシュラン1つ星 ──

グルメ大国のシンガポールでは、世界で最も安いと話題のミシュランの星獲得店があります!行列に並んでも、食べる価値アリ☆

朝イチでもこの「行列」!?

パッチョー・ミー
S$8(Mサイズ)

レバーや豚ひき肉、ワンタン、魚などの具材とコシのある麺を、酸味が効いた辛めのタレで味付け。汁ありも選べる。

?ドライ or 汁あり?
ダントツ人気はドライ!!

Tai Hwa Pork
Noodle

タイ・ホア・ポーク・ヌードル

途切れることのない行列が名物

住宅街の一角にある店。小さな店なので一度に作れる量が少なく行列がなかなか進まない。ですが、地元の人も根気強く並ぶほどの味なので必食です!

DATAは→P.66

並んでも食べたい!
話題のヌードル
1時間以上並ぶ覚悟で…

BAR & RESTAURANT

"リバーサイドでハシゴ飲み"

シンガポール川沿いのボート・キー、クラーク・キー、ロバートソン・キーは、ナイトスポットとして有名。テラス席で川を眺めながら食事が楽しめます。レストランやバーなどの店が密集しているので、ハシゴするのもおすすめです。

Harry's
ハリーズ

MAP P.177 C-5 ☎8268-8243 🏠28 Boat Quay ⏰11:30〜翌1:00 🔒無休 📍MRTラッフルズ・プレイス駅から徒歩5分〔リバーサイド〕 **URL** www.harrys.com.sg 🈳○

> 川沿いにあるダイニングバー

Octapas
オクタパス

MAP P.177 B-4 ☎6837-2938 🏠BIK 3E River Valley Rd., #01-07〔クラーク・キー内〕 ⏰17:00〜翌3:00 🔒無休 📍MRTクラーク・キー駅から徒歩5分〔リバーサイド〕 **URL** www.octapasasia.com 🈳○

> 本格的なタパス料理店

SINGAPORE FLYER

"観覧車に乗りながら豪華ディナー"

観覧車に乗りながらディナーが楽しめるロマンチックな夜を過ごしてみませんか？ 4皿のコースメニューは2人でS$520。2周する約1時間30分の間、ゆったりと夜景と食事をふたり占めできます。

Singapore Flyer
シンガポール・フライヤー

DATAは→P.128

NIGHT SHOW

"セントーサ島＆ジュエルのナイトショーも見逃せない！"

Wings of Time
ウイングス・オブ・タイム

パラワン・ビーチが会場。2人の若者が時空を超えて旅をするド派手なライトショー。チケットは入場ゲート横のチケット売り場で買える。

MAP P.185 A-2 ☎6361-0088 ⏰19:40、20:40 🔒無休〔悪天候時は中止〕 ¥S$19〜 📍セントーサ・エクスプレスのビーチ駅から徒歩5分〔セントーサ島〕 **URL** www.mountfaberleisure.com/attraction/wings-of-time

> ダイナミックな演出に驚き！

START 19:40、20:40 約20分

HSBC Light & Sound Show
HSBCライト・アンド・サウンド・ショー

空港直結のショッピングセンター、ジュエル（→P.146）の中心を流れる滝、レイン・ボルテックスで行われる光と音のショー。ライトアップは随時。

MAP P.170 F-2 ☎6956-9898 🏠78 Airport Rd. ⏰20:00、21:00 🔒無休 ¥無料 📍MRTチャンギ・エアポート駅から徒歩8分〔郊外〕 **URL** www.jewelchangiairport.com

START 20:00、21:00 約5分

BILL

〝レストランのお会計事情〟

ホーカースを除く飲食店では、メニューに税金が含まれておらず、メニュー表の値段よりも高い金額を請求されます。お会計事情は以下でチェックしておきましょう！

サービス料

料金は通常10％のサービス料が含まれているため、基本的にチップは必要ない。サービス料に加えて税金（GST）9％が含まれた「++」という料金システムになっている。

ウェットティッシュやつきだし

中華レストランで提供されるウェットティッシュやつきだしは、有料となる。ウェットティッシュを使用しなかった時は、会計時に店員にその旨を伝えると支払わないで済む。

時価

カニやロブスターなどの高級海鮮料理などで目にする「Market Price（時価）」。その日仕入れた海鮮はグラム単位で金額が異なる。しっかりグラム数を確かめ計算してから注文しよう！

〝日本語OKの便利な予約サイト〟

人気のレストランは予約したもん勝ち！ 日本語の予約サイトなら、スムーズに予約ができます。アプリも◎。

予約サイト
Open Table
URL www.opentable.jp/singapore-restaurants

アプリ
Chope（チョップ）

JAPANESE FOOD

〝日本食が恋しい時のテク〟

シンガポールは空前の日本ブーム！ 日本でおなじみの店が続々と進出しています。特にオーチャード・セントラルは、寿司やラーメン、しゃぶしゃぶなどの和食レストランが充実。ドン・キホーテや東急ハンズもあります。

Orchard Central
オーチャード・セントラル
MAP P.182 F-5 ☎6238-1051 🏠181 Orchard Rd. 🕚11:00 ～ 22:00（店舗により異なる）🚇MRTサマセット駅から徒歩5分〔オーチャード・ロード〕URL www.fareastmalls.com.sg/Orchard-Central

---

ALCOHOL

〝安飲みで狙うべきはハッピーアワー！〟

安く飲むなら16:00 ～ 18:00頃のハッピーアワーが狙い目！ お得なセットメニューが揃っています。

> ご当地ビール
> シンガポール生まれのラガービール。氷を入れるのがローカル流

お酒にも厳しいルールがあるのです…

☑ **屋外での飲酒禁止**
ホーカースやテラス席でない限り、外での飲酒は禁止されている。

☑ **店頭販売は22:30まで**
スーパーやコンビニではお酒を販売する時間が決められている。

☑ **お酒を置いていない飲食店もあり**
お酒を提供するにはライセンスが必要なため、お酒を置いていない店もある。

REFLEXOLOGY

〝もっと気軽に足ツボするなら〟

初めて利用する人でも入りやすい、清潔でリラックスできるマッサージ店をご紹介！

Footworks
フットワークス
ショッピングで疲れた足を癒すならこちら！ 地元客も多く利用しており、フットバスやスクラブも人気。

MAP P.183 C-3 ☎6737-3555 🏠360 Orchard Rd. #01-04/05/06（インターナショナル・ビルディング内）🕙10:00 ～ 22:00 🔓無休 🚇MRTオーチャード駅から徒歩4分〔オーチャード・ロード〕URL www.footworks.com.sg 📷○

Kenko Wellness
ケンコー・ウェルネス
ワンランク上のリフレクソロジー。カーテンで仕切られ、リラックスできる空間でマッサージを受けられます。

MAP P.176 E-4 ☎6988-3636 🏠6 Raffles Blvd., #02-167/168（マリーナ・スクエア内）🕙10:00 ～ 21:00 🔓無休 🚇MRTエスプラネード駅から徒歩5分〔マリーナ〕URL www.kenko.com.sg 📷○

ATTRACTION

〝夜空に向かって逆バンジー〟

絶叫系アトラクション。時速120kmのスピードで50mの高さまで一気に上昇！ 上から夜景も一瞬だけ楽しめます。

Slingshot Singapore
スリングショット・シンガポール
MAP P.177 B-4 ☎6338-1766 🏠3E River Valley Rd. 🕟16:30 ～ 23:30 🔓無休 ¥S$45 🚇MRTクラーク・キー駅から徒歩5分〔リバーサイド〕URL slingshot.sg

you go where?

IN THE

LATE NIGHT

22:00 - 00:00

1日の終わりは、お酒でシメ。展望バーや安飲み
できる店など、その時の気分に合わせてチョイ
スしましょう。夜中まで営業しているスイーツ
店やショッピングセンターもあるので、深夜ま
でとことんエンジョイできます。

「マリーナベイ・サンズ」
（→P.38）の夜景。マリ
ーナエリアには輝く絶景
を眺めながら、お酒を味
わえるバーが充実

マリーナエリアの
夜景をふたり占め♡

展望バーでロマンチックナイト♡

Best time!
22:00 マリーナの夜景に
ヤーンセーン（乾杯）!

ライトアップされたMBSなどマリーナエ
リアを眺めながらお酒を飲むのが、シンガ
ポールの夜のハイライト。とっておきの展
望バーを教えちゃいます♪

Smoke & Mirrors
スモーク・アンド・ミラーズ
ギャラリーに併設する穴場
ナショナル・ギャラリー・シンガポー
ル（→P.44）の最上階にあるバー。
目の前が開けているのでマリーナ
エリア全体の夜景が楽しめます。

[MAP] P.177 C-4 ☎9380-6313 🏠1 St.
Andrew's Rd., #06-01（ナショナル・ギャ
ラリー・シンガポール内）🕙18:00～24:
00（木～土曜～翌1:00、日曜17:00～）🔒
無休 🚇MRTシティ・ホール駅から徒歩5分
（シティ）[URL]www.smokeandmirrors.
com.sg 🈂○

★★★ 1日2回行われているナイトショー（→P.126）の時間を狙っていくのがおすすめです。

138

1 プールに映る夜景もキレイ! プールはホテルの宿泊客限定 2 南国らしいカクテルのほか、フードメニューも揃う

プールとMBSのコラボ夜景

大人っぽい夜を過ごしたいなら

Lantern
ランタン

マリーナ湾を挟んだ向かいにあるホテルの展望バー。目の前に広がるMBSのほか、高層ビルが立ち並ぶ夜景が見渡せる席もおすすめ。

MAP P.175 B-3 **☎**3129-8229 **🏠**80 Collyer Quay(フラトン・ベイ・ホテル・シンガポール内)**◷**17:00〜23:15(金・土曜〜24:15)**🔒**無休 **◉**MRTラッフルズ・プレイス駅から徒歩10分(マリーナ)**URL**www.fullertonhotels.com
📷○

1 街の明かりを上から見下ろせる 2 クラシックでクリエイティブなカクテルやタパスが楽しめる

マリーナベイのパノラマビュー

高級ホテルの最上階にあるバー

SKAI Bar
スカイ・バー

70階建ての高層ホテルの最上階にあるルーフトップバー。日没後には眼下に夜空のようにきらめくマリーナやシティエリアが見渡せます。

MAP P.176 D-3 **☎**6431-6156 **🏠**2 Stamford Rd., 70F(スイソテル・ザ・スタンフォード内)**◷**17:00〜24:00(金・土曜〜翌1:00)**🔒**無休 **◉**MRTシティ・ホール駅から徒歩1分 **URL**www.skai.sg/skai-bar

1 料理はどれもビールのテイストが加えられている。シーフードプラッター S$48、ビールは500mlS$16.90〜 2 全5種類のビールを飲めるサンプラー S$26.90も

テラスはMBSを見下ろす特等席

クラフトビールで乾杯!

LeVeL 33
レベル・サーティスリー

世界で最も高い場所にあるブリューパブ。内部はパブとレストランの2つに分かれ、常時6種類のビールを揃えています。

MAP P.175 C-4 **☎**6834-3133 **🏠**8 Marina Blvd., #33-01(マリーナベイ・ファイナンシャル・センター内)**◷**12:00〜24:00 **🔒**無休 **◉**MRTベイフロント駅から徒歩2分(マリーナ)**URL**level33.com.sg **📷**○

TAPAS

ちょい食べしながらガッツリ飲む!

S$13
S$10
S$16
S$9
S$5
S$5

IN THE
Best time!
22:00
Late Night (22:00-00:00)

ホントはヒミツにしておきたい
安くて飲み食いCAN!・な3店
物価の高いシンガポールで、値段を気にせず飲める、とっておきのお店はこちら!

S$18

1 手羽先(手前右)やミートボール(手前左)、ザル貝のガーリック蒸し(中央)、チリクラブソースがかかったシーフードピザ(奥)など豊富なメニューが楽しめる **2** フローズンマルガリータ **3** 飲み屋が立ち並ぶ場所にある **4** 店の前に屋根付きのテラス席がある

Five Tapas

ファイブ・タパス

アルコールもフードも安いんです!

「ファイブ」という店名にある通り、一部のタパスやハーフパイントのお酒がなんとS$5! 少しでも安く提供したいというオーナーの想いが詰まってます。

MAP P.182 F-4 ☎8121-9304 🏠25 Cuppage Rd.
⏰17:00〜24:00(金・土曜〜翌2:00) 🈂無休 📍MRTサマセット駅から徒歩6分(オーチャード・ロード) **URL** www.fivebar.sg 📠○

WINE

ワインとチーズの最強コンビ

WINE & BEER

セルフワインとクラフトビール

セットS$79.80(2人分)

S$8〜

S$19

S$28

S$38

1 ラクレットチーズは、サラダ、茹でジャガイモ、ハムの盛り合わせが付くセットがお得(2人以上からオーダー可) 2 チーズの種類は40〜50種類と豊富 3 週末は多くの地元客で賑わう

1 タラのグリル(手前)、明太子とエビのピザ(中央)、ソルト＆ペッパー・スクイッド(奥) 2 ワインは棚から直接とってもOK。ボトルS$40くらいから 3 IPAなどクラフトビールもある

Wine Connection Cheese Bar
ワイン・コネクション・チーズ・バー
安ウマなワインとチーズが魅力

大評判のワインレストラン。数ある支店の中でもチーズ専門店はここだけ。世界中から取り寄せたワインは150種類以上もあり、グラスS$8〜、ボトルはS$40〜。

MAP P.177 A-3 ☎6238-1279 🏠11 Unity St.、#01-05〔ロバートソン・ウォーク内〕⏰15:00〜23:00〔土・日曜12:00〜〕🔒無休 🚇MRTフォート・カニング駅から徒歩6分〔リバーサイド〕URL www.wineconnection.com.sg 📷○

The Gong by Drinks&Co.
ゴン・バイ・ドリンク・アンド・シーオー
ブギス駅そばの最新スポット

ブギス駅そばのビル内にオープンしたカジュアルダイニング。数人でシェアして楽しめるボリュームメニューが揃っています。ローカルのビジネスマンにも人気です。

MAP P.180 D-5 ☎9619-4568 🏠7 Fraser St.、#01-59&60〔デュオ・ギャラリア内〕⏰11:00〜23:00〔金曜〜24:00〕🔒無休 🚇MRTブギス駅から徒歩3分〔アラブ・ストリート〕URL drinksandco.asia 📷○

23:00

女子はもちろん、スイーツ男子もお気に入り

お酒と楽しみたい
秘密の宝石スイーツ

2am:dessertbar
ツーエーエム：デザートバー

カリスマスイーツ専門店

ジャニス・ウォンがオーナーパティシエを務めるデザートバー。ジャニス自身が考案したオリジナルのスイーツが揃っています。

MAP P.173 A-2 ☎6291-9727 ♠21A Lor Liput ⏱18:00〜翌2:00(土・日曜14:00〜)♠月曜 ♥MRTホーランド・ビレッジ駅から徒歩2分〔郊外〕URL www.2amdessertbar.com ⊟○

「食べるアート」こと
エディブルアート

今、アジアで最も注目されているスイーツ専門店が、シンガポールにあります。パティシエであり、アーティストでもあるジャニス・ウォン氏が作り出すスイーツは、まさにお皿の上の芸術品。出てきた瞬間こぼれるため息、食べれば幸せのため息へと変わります。旬の食材を多用するスイーツは、味だって一級品です。店のテーマは「お酒と一緒に食べるスイーツ」。それぞれのスイーツと相性ぴったりのアルコールがあるので、ペアリングしてみては？

ココナッツ
フォーム

パンダンカヤ
アイスクリーム

シェイド・オブ・グリーン
S$22
パンダンカヤを使ったローカルチックなひと皿。ココナッツの風味も加わり、南国テイスト

パープル
S$23
アイスクリームやマシュマロなど紫グラデが美しいスイーツ。季節によりバリエーションが変わる

カシスパルフェの
アイス

ラベンダー
マシュマロ

紫芋
ピューレ

アルコールも
アートみたい！

スイーツは
芸術です

おいしさの ヒミツ 3

バーカウンターが
男性にも人気あり

おしゃれでスタイリッシュな内装は、まるでバー。女性だけでなく、男性も入りやすい。取材時もたくさんの男性客が！

おいしさの ヒミツ 2

目の前で盛り付ける
宝石スイーツにくぎ付け！

オープンカウンターで作っている様子が見られる。ペアリングのアルコールと一緒に味わえば、おいしささらにアップ！

おいしさの ヒミツ 1

エディブルアートの
第一人者がプロデュース

オーナーパティシエのジャニス・ウォンは、2013、14年のアジア最優秀パティシエ。現在も国内外で活躍している。

塩キャラメル

ダークチョコレート

チョコレートH20
S$22

甘さ、苦味と異なる味の濃厚チョコレートが楽しめる。ゆずシャーベットが爽やかさをプラス

ゆずシャーベット

ストロベリー
カプレーゼ
S$22

イチゴやラズベリーなど、ベリー系をふんだんに使ったかわいらしいスイーツ。甘酸っぱい大人の味

サクラライチパール

ラズベリーのメレンゲソース

ストロベリーアイスクリーム

00:00

なんでも揃うカオスな空間

ムスタファ・センターで
真夜中ショッピング

リトル・インディアのインド系激安スーパーが、ムスタファ・センター。深夜までお得に買い物できます！

インド食材ならおまかせ！

POINT 1

まずは 全体を把握！

建物は本館と新館に分かれていて、ショッピングゾーンは地下2階～4階。注目は1階のコスメ＆アクセサリー売り場と、2階の食料品売り場。同フロアの別の場所で同じアイテムを売っているので、迷わないように。

各階の移動は、エスカレーターやエレベーターで

B2Fと2Fで本館と連結

FLOOR GUIDE

	本館		新館	
4F	本、文房具、雑貨		駐車場	4F
3F	衣料品、雑貨		雑貨	3F
2F	食料品	連絡通路	食料品	2F
1F	コスメ、医療品、アクセサリー		コスメ、医療品	1F
B1F	靴、衣料品		衣料品、アクセサリー	B1F
B2F	おもちゃ、電化製品	連絡通路	電化製品	B2F

POINT 2

王道、インドフードを攻める！

インド系スーパーだけに、カレーやスパイスの品揃えは圧倒的。スパイシーなインド系のスナック菓子はお酒のお供にぴったり！中国やマレーシア系の食材や、シーズニングも豊富に揃います。

生鮮食品売り場もあります

これだけ買っても S$13.10！

❶カレー味のスナックS$3.50 ❷インドの有名ブランドティー S$4.20 ❸ビリヤニマサラの素S$1.60 ❹マサラティー S$1.90 ❺マトン・カレー・マサラS$1.90

新館の屋上には、おいしいと評判のインド料理レストランがあります。

POINT 3 バラマキなら マーライオン一択

お菓子以外に雑貨も注目！

バラマキみやげの定番といえば、やっぱりお菓子。おすめは、マーライオン形のチョコやクッキー。味や大きさなど種類はいろいろ。買う前に、1箱に入っている数を必ずチェックしましょう。

❶マーライオンの缶入りチョコレートS$10 ❷マーライオン形のチョコレート。各S$9〜 ❸マーライオン形のマンゴークッキーS$5.10 ❹ショットグラスS$2.20 ❺マグネット各S$6

POINT 5 インドアクセは 使い方で差を出す

インド人女性が額に付けるビンディやブレス、ネックレスなど、ド派手なインドアクセも激安で手に入ります！ビンディはネイルに、ブレスレットは何本か買って重ね付けするのがかわいい。

❶ブレスレットS$7 ❷ビンディ S$2.5 〜は爪に貼ってもかわいい

POINT 4 侮りがたし、 インドコスメ

インドコスメの狙い目は、アーユルヴェーダ。一流ブランドから知る人ぞ知るものまで、全身くまなくケアできる商品がずらりと並びます。

インド人女子も御用達！

❶大定番、medimixの石鹸は5個でS$3.5 ❷有名ブランド、HimalayaのスキンクリームS$3.70 ❸HimalayaのフットクリームS$12.50 ❹フェイスパックS$1.90

＼＼ 買い物のコツ ／／

会計はまとめてOK
各フロアに複数のレジがあるが、行列していることも。会計は各フロア別でなく、まとめて1カ所でした方がいい。

荷物は入口で預ける
万引き防止のため、大きな荷物は持ち込めない。各入口にあるカウンターで預ける。貴重品は携帯しよう。

Mustafa Centre
ムスタファ・センター

インド雑貨ならおまかせ！
深夜まで営業の大型スーパー。インドを中心に世界中のあらゆる商品がお手頃価格で買える。

MAP P.181 C-1 ☎6295-5855 ⌂145 Syed Alwi Rd. ⊙9:30〜翌2:00 ⊟無休 ♥MRTファーラー・パーク駅から徒歩5分〔リトル・インディア〕URL www.mustafa.com.sg

新加坡共和国 24H TIPS

シンガポール

深夜はクラブで踊り明かし！ 24H営業のコンビニは夜更かしさんの強い味方です。エンタメ豊富な空港併設の施設もチェック。

CONVENIENCE STORE

"24Hコンビニは深夜の強い味方"

シンガポールのコンビニは7 Elevenセブンイレブン、Cheersチアーズの2種類。24時間営業で、軽食やスナック菓子、アルコールを含む飲み物、テイクアウトフードまで揃っていて便利です。

国内に支店がたくさん

CLUB

"シンガポール最大のクラブ"

ザ・ショップス アット マリーナベイ・サンズにある、最先端のテクノロジーとサウンドシステムを備えたナイトクラブ。世界最高の国際DJやセレブを迎えながら、完全没入型のパーティーが楽しめます。

MARQUEE SINGAPORE
マーキー・シンガポール

MAP P.174 D-3 ☎6688-8660 🏠10 Bayfront Ave., #B1-67(ザ・ショップス アット マリーナベイ・サンズ内) ⏰22:00～早朝6:00 🔒日～木曜 🚇MRTベイフロント駅から徒歩5分[マリーナ] URL marqueesingapore.com ○

AIRPORT

"帰国ギリギリまで楽しめる空港併設の複合施設"

チャンギ国際空港併設の2019年にオープンした複合施設。屋内の巨大な滝はシンガポールの新たなシンボルとして話題。飲食店やショップ、アトラクションのほか、ラウンジなどの設備も充実し、1日中遊べるコンテンツが盛りだくさん！

ライトショーも開催(→P.134)

Jewel
ジュエル

MAP P.170 F-2 ☎6956-9898 🏠78 Airport Boul. ⏰店舗により異なる 🔒店舗により異なる 🚇MRTチャンギ・エアポート駅から徒歩8分[郊外] URL www.jewelchangiairport.com

見どころ

☑ **ビッグスケールなアトラクション**

最上階にあるアトラクションエリア。ガラス張りの橋やネットが張り巡らされたアトラクション、迷路などが有料で楽しめます。

コレも便利！

☑ **アーリーチェックイン**

シンガポール航空やANA、JALなどのいくつかの航空会社のチェックインが可能。最低3時間前にチェックインしよう！

☑ **誰でも使える有料ラウンジ**

1階にあるChangi Loungeには誰でも使えるラウンジがある。アメニティ付きシャワー室や仮眠室などが利用できる。

フードコート

☑ **ローカルグルメ食べ納め**

チキンライスなどの定番グルメが楽しめるフードコート。シンガポールで人気の店が揃っているので、味は間違いありません！

ショッピング

☑ **おみやげをまとめ買い**

シンガポール生まれのショップが充実しているので、おみやげが買えなかった時はここで済ませれば大丈夫！ 海外のフラッグショップも多く入っています。

IN the Late Night (22:00-00:00)

MEGA ADVENTURE

313 @somerset

BHAI SARBAT STALL

高 Takashimaya

SELVIS Where Beauty Begins!

天福宮

牛车水大厦 CHINATOWN COMPLEX

தண்டபாணி கம்பெனி
THANDAPANI CO. PTE. LTD.

THIAN HOCK KENG

GO to LOCAL TOWN

わざわざ行きたい街と人。

*Orchard Road, Chinatown,
Little India, Arab Street,
Haji Lane & Bali Lane,
Sentosa Island*

ION ORCHARD

Peranakan Tiles Gallery
Tel: 6684 8600 www.asterbykyra.sg

PIEDRA NEGRA CANTINA & COCINA

ADVENTURE COVE WATERPARK

GOURMET PARK

JAMAL KAZURA AROMATICS 21

淵茶 TEA CHAPTER

SKYLINE Luge SENTOSA

MALABAR MOSQUE

WELCOME

Momolato

JAYAM RISING STAR PTE. LTD.

SS FW

SINGAPORE CABLE CAR

TEKKA CENTRE

DESIGN ORCHARD

utopia

Orchard Road

オーチャード・ロード

買い物フリークはここに集合！

大型ショッピングセンターを賢く回るために

大きな道の両脇に大型のS.C.が並ぶオーチャード・ロードは、今も昔もシンガポールいちのショッピングスポット。各ショッピングセンターにはそれぞれ特徴があり、高級系からリーズナブル系までさまざま。全部回ると1日あっても足りないので、あらかじめ行きたいS.C.を絞っておくのがおすすめです。

＼ このエリアのCAN CAN! ／
できる!

☑ **ショッピングセンターをハシゴ**
東西500ｍほどの通り沿いに大型ショッピングセンター（S.C.）が並ぶ。連結しているS.C.も多く、移動も楽々。

☑ **日本未上陸のブランドをチェック**
日本未上陸のブランドショップも豊富！「それどこの？」と聞かれること間違いなしのおしゃれグッズを探そう。

☑ **足休めはフードコートへ**
フードコートは、食事はもちろんドリンク休憩でも使える。たいていのフードコートは地下または最上階にある。

(*Access*) 地下鉄：MRTサマセット駅またはオーチャード駅から徒歩1分

13:30
ローカル雑貨が揃う
セレクトショップへ！

Design Orchard
デザイン・オーチャード

シンガポール国内の72ブランドが揃うセレクトショップ。雑貨からファッションまで幅広い品揃えを誇っています。オーガニック系のコスメも人気がありますよ。

MAP P.182 E-4 ☎6513-1743 🏠250 Orchard Rd. ◎10:30〜21:30 🔒無休 ⚲MRTサマセット駅から徒歩6分 URL www.designorchard.sg○

シンガポールのローカルフードが描かれたポーチS$27.50。左右非対称のピアスはS$38.41

おすすめ店
Shanghai Tang
（#03-05/06）

アパレルブランドだが雑貨もかわいい

オーチャード・ロードのランドマーク的存在

おすすめ店
地下食料品売り場

12:00
注目は地下にある
国内最大の食料品売り場

Singaporean Takashimaya S.C.
シンガポール高島屋S.C.

日本の高島屋のシンガポール支店。専門店街と百貨店の2エリアから成り、欧米や日本のショップ、飲食店、中国ブランドのレストランが多く入っています。

MAP P.182 D-4 ☎6738-1111 🏠391 Orchard Rd. ◎10:00〜21:30 🔒無休 ⚲MRTオーチャード駅から徒歩6分 URL www.takashimayasc.com.sg○

おすすめ店
Typo
（#01-18）

人気のドリンクホルダー

Scotts Rd.

Paterson Rd.

MRT Orchard
オーチャード駅

LuckyPlaza

Orchard Turn

Orchard Rd.

高 Takashimaya

Mandarin Orchard

ion ORCHARD

DESIGN ORCHARD

313 @somerset

MRT Somerset
サマセット駅

コンサバ系ファッションが揃う

おすすめ店
SANDRO
（#03-02）

14:30
リーズナブルなファッション
アイテムならココ！

おすすめ店
Charles & Keith
（#02-46/47/48/49）

313@Somerset
スリーワンスリー@サマセット

安くてかわいいファッションブランドが多く入っています。日本でおなじみのブランドのほか、国内ブランドまでいろいろ。

MAP P.182 E-5 ☎6496-9313 🏠313 Orchard Rd. ◎10:00〜22:00(金・土曜〜23:00) 🔒無休 ⚲MRTサマセット駅から徒歩3分 URL www.313somerset.com.sg○

16:00
国内外の高級ブランド
ならここへ

ION Orchard
アイオン・オーチャード

オーチャード・ロードのシンボル的存在。MRTオーチャード駅の真上にあります。一流ブランドから国内ブランドまで充実です。

MAP P.182 D-4 ☎6238-8228 🏠2 Orchard Turn ◎10:00〜22:00 🔒無休 ⚲MRTオーチャード駅から徒歩2分 URL www.ionorchard.com○

おすすめ店
Marimekko
（#B1-12）

世界で唯一というカフェを併設。雑貨も充実

Chinatown

チャイナタウン

エネルギッシュなグルメタウン

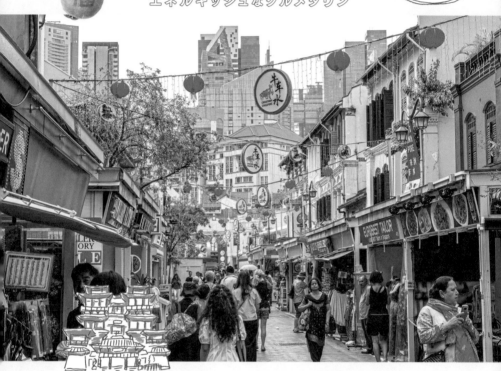

ショップハウスの
レトロな街並み

人口のほとんどを中国系が占めるシンガポールでは、チャイナタウンが最大のコミュニティ。エリアは広範囲に及びますが、古いショップハウスを利用した中華レストランや露店が並ぶ様子は壮観です。また周囲には仏教寺院が点在していて、境内を訪れれば熱心に祈りを捧げるローカルの姿が見られます。

\ このエリアの **CAN CAN!** /
できる！

☑ **本格中華グルメはマスト！**
エリア内には中華料理店がひしめき合い、味を競っている。本格中華から飲茶まで楽しめる。

☑ **いちばん賑わうのは夜**
日が落ちると、路上の提灯に火が入り、いっそう幻想的に。レストランにもテラス席が出て盛り上がる。

☑ **おみやげのまとめ買いにぴったり**
パゴダ・ストリートなど露店(→P.118)や漢方(→P.107)など、おみやげ探しにぴったりな店も多数。

(Access) 地下鉄：MRTチャイナタウン駅またはマックスウェル駅から徒歩1分

11:00
願いが叶う神社にお参り
Thian Hock
Keng Temple
シアン・ホッケン寺院

線香をあげて
祈りを捧げよう

航海の守護神として知られる媽祖を祀る
道教寺院。旅の安全を祈願するスポット
として、中国系移民に信仰されてきまし
た。境内には「願い事が叶う井戸」も。
MAP P.178 E-4 ☎6423-4616 🏠158 Telok Ayer
St. ⏰7:30～17:00 🔒無休 ¥無料 ♥MRTテロッ
ク・アヤ駅から徒歩3分 URLthianhockkeng.com.
sg

14:30
中国茶でほっとひと息
Tea Chapter
ティー・チャプター

茶葉を選んで
お茶が飲めます

伝統的な中国茶が味わえる本格茶室で、
白牡丹や茉莉珍珠など30種類以上の茶
葉（1人S$10～）が揃えます。見た目にも
かわいいお茶請け（S$1.50～）も人気。
MAP P.178 D-4 ☎6226-1175 🏠9
Neil Rd. ⏰11:00～21:00（金・土
曜～22:30）🔒無休 ♥MRTチャイ
ナタウンから徒歩5分 URLteacha
pter.com 📷○

MRT Chinatown
チャイナタウン駅

Peranakan Tiles
Gallery
Tel: 6684 8600 www.asterbykyra.sg

Pagoda St.

Cross St.

12:00
ローカルフードが集まる
ホーカースでランチ
Chinatown Complex
チャイナタウン・コンプレックス

Smith St.

Chinatown
Complex

South Bridge Rd.

MRT Telok Ayer
テロック・アヤ駅

チャイナタウンの中心に立
つ複合施設。1階は露店がひ
しめき、2階は中華系のス
トール（店舗）が並ぶホー
カースになっています。
MAP P.179 C-3 ⏰店舗により異
なる 🏠Blk. 335 Smith St. ⏰店
舗により異なる 🔒店舗により異な
る ♥MRTチャイナタウン駅から
徒歩3分 📷店舗により異なる

Buddha Tooth
Relic Temple

Maxwell
Food Centre

THIAN HOCK KENG

Neil Rd.

MRT Maxwell
マックスウェル駅

少しの日本語
ワカリマスヨ

13:30
プラナカンタイルをゲットする！
Peranakan Tiles Gallery
プラナカン・タイル・ギャラリー

露天が並ぶパゴダ・ストリート沿い。小
さな店内には、カラフルなプラナカンタ
イルがずらり！アンティークは根が張り
ますがレプリカならS$10～とお手頃。
MAP P.178 D-3 ☎6684-8600 🏠37 Pagoda
St. ⏰12:00～18:00 🔒無休 ♥MRTチャイナタウ
ン駅から徒歩3分 📷○

Little India

リトル・インディア

喧噪渦巻く、小さなインド

Serangoon Rd

\ このエリアのCAN CAN! /

☑ **カラフルな建物があっちこっちに**
エリア内は、まさに原色インドの世界。寺院もショップもカラフルで、心ウキウキ。花屋さんもそこかしこに！

☑ **香辛料の匂いにつられて**
おいしそうな香りはインド料理店から。マイルドな北とスパイシーな南、どちらのカレーも超ハイレベル！

☑ **買い物はリトル・インディア・アーケードへ！**
インド雑貨店やレストランが集まるリトル・インディア・アーケードは、エリアいちのショッピングスポット。

ディープ。だけど
きれいなミニインド

ディープアジアを体感するなら、リトル・インディアへ。セラングーン・ロードにはヒンドゥー寺院やインド料理店、商店がひしめき、まるでアジアの喧噪に巻き込まれたみたい。道行く人も、カラフルサリーのインド人ばかり。ただし、ここはあくまでもシンガポール。喧噪の渦なのに驚くほど清潔なのはさすが。

(Access) 地下鉄：MRTリトル・インディア駅またはファーラー・パーク駅から徒歩1分

13:00
ヘナタトゥーでインドな気分
Selvi's
セルヴィス

インド女子御用達のアクセショップ。店先で施してくれるヘナタトゥーが人気です。ヘナとは植物性の染料のことで、1週間くらいできれいに落ちます。

MAP P.181 B-3 ☎6297-5322 🏠48 Serangoon Rd., #01-17(リトル・インディア・アーケード内) ◎9:30 〜 20:45(日曜〜18:00) 🔒無休 ♀MRTリトル・インディア駅から徒歩3分 ▣×

料金は模様により異なり、S$10〜

200m先 ↗
MRT Farrer Park
ファーラー・パーク駅へ

Sri Veerama
kaliamman
Temple

Race Course Rd.

12:00
ディープすぎる
ホーカースへ
Tekka Centre
テッカ・センター

リトル・インディア最大のホーカース。ストール番号01-232のビリヤニは行列必至の人気店です。

MAP P.181 B-3 店舗により異なる 🏠665 Buffalo Rd. ◎店舗により異なる 🔒店舗により異なる ♀MRTリトル・インディア駅から徒歩1分

TEKKA CENTRE

MRT Little India
リトル・インディア駅

Serangoon Rd.

SELVIS
Where Beauty Begins!

お裁縫
ナウ

Bukit Timah Rd.

THANDAPANI CO. PTE. LTD.

JAYAM RISING STAR PTE. LTD.

15:00
インド直送のスパイスを物色
Thandapani
タンダパニ

量り売りも行うスパイス専門店。生や乾燥スパイスのほか便利なミックススパイスまでが、驚きの激安価格で手に入ります。料理好きなら必訪です。

MAP P.181 B-3 ☎6292-3163 🏠124 Dunlop St. ◎10:00 〜 21:30 🔒無休 ♀MRTリトル・インディア駅から徒歩7分 ▣×

14:00
アーユルヴェーダコスメで
もっと美しさに磨きを！
Jayam Rising Star
ジャヤム・ライジング・スター

リトル・インディア・アーケード内にある小さなアーユルヴェーダ薬局です。店員さんのアドバイスを受けながら、コスメやサプリを探してみましょう。

MAP P.181 B-3 ☎8788-2041 🏠48 Serangoon Rd, #01-59/K2(リトル・インディア・アーケード内) ◎10:00 〜 21:00頃 🔒不定休 ♀MRTリトル・インディア駅から徒歩4分 ▣×

Mysore
Sandal
Soap

Himalaya
Purifying

Arab Street

アラブ・ストリート

ピースフルなリトルアラブ

新しいカフェやレストランが続々とオープン！

マレー語で「カンポン・グラム」とも呼ばれるアラブ・ストリートは、イスラム系アラブ人たちの街です。シンボルは黄金ドームのスルタン・モスクで、そこからまっすぐにのびるブッソーラ・ストリートが街の中心。海外のおしゃれカフェが進出するなど、ローカル注目のトレンドスポットとなりつつあります。

＼ このエリアのCAN CAN! ／

☑ **街中のアラビックタイルを探す**
レストランやショップの壁に、鮮やかなアラビックタイルが見られる。花モチーフのタイルは、写真映え抜群。

☑ **エキゾチックな雑貨がたくさん**
ブッソーラ・ストリートにはみやげ物店が集中。アラビア雑貨やバティックなど、ここでしか買えないレアアイテムも。

☑ **映えスポット増加中**
隣り合うハジ・レーンの余波か、ウォールアートが急増。壁絵と一緒にスルタン・モスクを撮るのが流行してます。

(*Access*) 地下鉄：MRTブギス駅から徒歩6分

アイス・テ・タリ
はS$1.80

香水瓶S$20〜
もかわいい！

MALABAR MOSQUE

11:00
アラビアン&キュートな香水をゲット！

Jamal Kazura Aromatics
ジャマール・カズラ・アロマティックス

アラブ・ストリートのメイン通りに立地。1933年創業の老舗で、200種類以上のアラブ香水が揃います。植物由来のノンアルコールで、肌にやさしいのもうれしい！

MAP P.180 D-4 ☎6293-3320 ♠21 Bussorah St. ◎9:30〜18:00 🔒無休 ◎MRTブギス駅から徒歩8分 📷◯

11:30
甘いミルクティーでリフレッシュ

Bhai Sarbat Stall
バイ・サラバッ・ストール

「テ・タリ」と呼ばれるアラブ式ミルクティーにチャレンジ。コンデンスミルクを使った濃厚な味わいです。頭上から紅茶を注ぐ熟練の技にも注目！

MAP P.180 D-4 ☎8263-4142 ♠21 Bussorah St. ◎6:30〜翌1:00 🔒無休 ◎MRTブギス駅から徒歩8分 📷✕

Victoria St.

Jalan Sultan

Malay Heritage Centre

カフェ・マキアート
S$6〜

Sultan Mosque

BHAI SARBAT STALL

Bussorah St.

ISTANBLUE TURKISH RESTAURANT

JAMAL KAZURA AROMATICS 21

Baghdad St.

14:00
美しいブルーモスクをパシャリ

Malabar Mosque
マラバー・モスク

1963年に建てられたイスラム教寺院で、アラブ・ストリートを代表する建築のひとつ。小さな青タイルを敷き詰めたキュートな外観で撮影スポットとしても人気。

MAP P.180 D-3 ☎6294-3862 ♠471 Victoria St. ◎12:00〜13:00、14:00〜16:00(金曜14:30〜16:00) 🔒無休 ¥無料 ◎MRTブギス駅から徒歩8分 URL www.malabar.org.sg

12:00
タイルに囲まれてカフェタイム

Istanbul Turkish Restaurant
イスタンブール・ターキッシュ・レストラン

色とりどりのイスラムタイルで装飾された店内はムード満点。人気メニューは薄いパイ生地の間にナッツを挟み焼いたトルコの伝統菓子のバクラヴァ S$12〜など。

MAP P.180 D-5 ☎6296-4084 ♠25A Baghdad St. ◎11:00〜23:00 🔒無休 ◎MRTブギス駅から徒歩7分 📷◯

Haji Lane & Bali Lane

ハジ・レーン & バリ・レーン

まるで屋外美術館なショッピングスポット

年々進化する
パブリックアートの街

ここ数年で、最も変化したエリアがここハジ・レーン。数年前までは知る人ぞ知るショッピングエリアでしたが、カラフルな街並みとウォールアートがSNSで拡散され、今や観光客がこぞって訪れるエリアとなりました。写真を撮りながらショップを回り、疲れたらカフェでお茶。それがここの楽しみ方です。

＼ このエリアのCAN CAN! ／

できる!

☑ **どこもかしこも映えだらけ**
店舗はもちろん、インテリアや壁までウォールアートに埋め尽くされ、まるで屋根のない現代美術館のよう!

☑ **個性派セレクトショップからフォトジェニックカフェまで!**
ハジ・レーンにはセレクトショップがずらり。お隣のバリ・レーンには、"映える"個性派カフェがたくさん!

☑ **夜はまるでナイトクラブ?!**
ウォールアートには、夜に怪しく光るものも。カフェは夜にはバーとなるので、ナイトライフも楽しめる。

(*Access*) 地下鉄：MRTブギス駅から徒歩5分

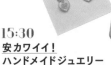

15:30
安カワイイ！ハンドメイドジュエリー
ssfw
エスエスエフダブリュ

上品なデザインの
リングS$58

半貴石を使ったリーズナブルなジュエリーを扱っています。デザイン、制作はともは自社で行っており、店舗はハジ・レーンにだけ展開しています。

(MAP) P.180 D-4 ☎6293-3068 🏠75 Haji Lane ⏰11:00～20:00（金・土曜～21:00）🔒無休 📍MRTブギス駅から徒歩5分 (URL) ssfw.com.sg

15:00
南国バティックファッションにお着替え♪
Utopia
ユートピア

バティックをリメイクしたオリジナルの洋服が揃います。中国テイストを加え、今風にアレンジしたバティックは街着としても大活躍間違いなしです。

(MAP) P.180 D-5 ☎6297-6681 🏠47 Haji Lane ⏰11:00～20:00（金・土曜～21:00）🔒無休 📍MRTブギス駅から徒歩5分 (URL) utopiaapparels.com 📷○

North Bridge Rd.

Haji Lane

Arab St.

WELCOME

Bali Lane

Ophir Rd.

14:00
本場のメキシコ料理で遅めのランチ
Piedra Negra
ピエドラ・ネグラ

本場顔負けのメキシコ料理を提供。タコスからセビーチェまで豊富で、人気のタコス・デ・ペスカード（魚介）はS$15.90。店内やテラス席の壁画にも注目してみて。

(MAP) P.180 D-5 ☎9199-0610 🏠241 Beach Rd. ⏰12:00～24:00 🔒無休 📍MRTブギス駅から徒歩7分 📷○

ワッフルがおすすめだよ

16:00
モチひやスイーツでクールダウン
Momolato
モモラート

10種類以上のジェラートを販売。写真はジェラートS$9.90とワッフルS$10。サワーソップやココナッツなど南国らしいフレーバーも豊富です。

(MAP) P.180 D-5 ☎なし 🏠34 Haji Lane ⏰14:00～23:00（金・土曜12:00～翌2:00）🔒無休 📍MRTブギス駅から徒歩6分 (URL) momolato.com 📷○

Sentosa Island

セントーサ島

国内最大のレジャースポット

3つのエリアごとに異なる楽しみが！

シンガポール本土の南に浮かぶセントーサ島は、島全体がテーマパークみたいなエンタメアイランドです。北部はリゾート・ワールド™・セントーサ(RWS)、中部は緑豊かな丘、南部はビーチエリアになっていて、エリアによりさまざまな楽しみがあります。週末には地元カップルやファミリーで1日中にぎわっています。

このエリアのCAN CAN!

☑ **リゾート・ワールド™・セントーサ（RWS）で遊びまくる！**
RWSは、ホテルや水族館、プールが集まる総合型リゾート。ユニバーサル・スタジオ・シンガポールもここにある。

☑ **丘の上で自然派アクティビティを**
島の中部は丘になっており、斜面を利用したアクティビティがたくさんある。ほか室内アトラクションもある。

☑ **ビーチエリアはバーでのんびり**
セントーサ島の南部は、3つの公共ビーチが連なるリゾートエリア。ビーチ沿いのバーでのんびりしたい。

セントーサ島へのアクセスはタクシーのほかに、4つ手段がある。 *Access*

島内の移動手段

島内の移動は、モノレールやバスを使えば便利。セントーサ・エクスプレスは島内の3つの駅を結ぶモノレール。島内の東西を巡回するセントーサ・バスや海岸線を走るビーチ・シャトルは無料で乗車できる。

市バス
ビボ・シティ前にあるバス停Vivo CityからRWS8がリゾート・ワールド™・セントーサまで運行している。 ¥S$1

セントーサ・ボードウォーク
本島からセントーサ島までを結ぶ遊歩道。ビボ・シティのセントーサ島側にある。 ¥S$1

セントーサ・エクスプレス
ビボ・シティ3階にあるビボ・シティ駅から島内を結んでいる。⏱7:00〜24:00 ¥S$4

ケーブル・カー
マウント・フェーバー駅からハーバーフロント駅を経由、島内のセントーサ駅までを結ぶマウント・フェーバー・ラインを利用。⏱8:45〜21:30 ¥S$39.50

10:00
アクティビティで
とにかくハシャぎまくる！

Skyline Luge Sentosa
スカイライン・リュージュ・セントーサ

丘の上からシロソ・ビーチまで、約650mを
滑り降りるアトラクション。

MAP P.185 A-2 ☎6274-0472 🏠45 Siloso Beach Rd.
🕙11:00 ～ 19:30（金曜 ～ 21:00、土曜10:00 ～ 21:00、
日曜10:00 ～）🔒無休 ¥2回S$25 ♥セントーサ・エクスプ
レスのビーチ駅から徒歩10分 **URL** sentosa.skylineluge.
com

Mega Adventure
メガ・アドベンチャー

話題のジップ系アトラクション。森の中か
ら海に向かって滑走するので、気分爽快。

MAP P.185 A-2 ☎6884-5602 🏠10A Siloso Be
ach Walk 🕙11:00 ～ 18:00 🔒無休 ¥メガジップ
S$66 ♥ビーチ・シャトルのメガ・アドベンチャー駅
から徒歩1分 **URL** www.sg.megaadventure.com

丘の上まで
リフトで行けるよ

Adventure
Cove Waterpark™
アドベンチャー・コーブ・ウォーターパーク™

RWS内の巨大プール施設。流れ
るプールと波のプール、6つの
スライダーなどのアトラクショ
ンプールがあり、1日楽しめます。

MAP P.185 A·B-2 ☎なし 🏠
8 Sentosa Gateway 🕙10:
00～17:00 🔒無休 ¥S$40
♥セントーサ・エクスプレスの
リゾート・ワールドから徒歩
1分 **URL** www.rwsentosa.
com/en/attractions/adve
nture-cove-waterpark

ADVENTURE COVE WATERPARK™

RWS

Siloso Point
シロソ・ポイント

SINGAPORE CABLE CAR

GOURMET PARK

トラム駅

Costa Sands Resort
コスタ・サンズ・リゾート

MEGA ADVENTURE

Siloso Beach
シロソ・ビーチ

トラム駅

Siloso Beach Resort
シロソ・ビーチ・リゾート

Imbiah Lookout
インビア・ルックアウト

Resort World
リゾート・ワールド

Merlion
マーライオン

SKYLINE Luge SENTOSA

セントーサ・エクスプレス

Imbiah
インビア

sentosa

13:00
カーニバル気分で
世界の料理を

Gourmet Park
グルメパーク

ユニバーサル・スタジオ・シンガポールの入口の地球
儀のすぐ横。ミシュランシェフや美食スターによるブ
ランドをコンテナやキッチントラックで提供。

MAP P.185 B-2 ☎なし 🏠8 Sentosa Gateway 🕙11:00 ～ 20:00
（金～日曜 ～ 21:00）🔒無休 ♥セントーサ・エクスプレスのリゾート・
ワールド駅から徒歩1分 **URL** www.rwsentosa.com/en/events/gou
rmet-park 📷○

14:00
ケーブルカーで
島内を縦断

Singapore Cable Car
シンガポール・ケーブルカー

島内各ポイントを結ぶケーブルカー
で、2つある路線のうちひとつは東
西に走るセントーサ・ライン。イン
ビアとシロソを結び、ビーチや山々
の景色を堪能できます。

MAP P.185 A-2 ☎6361-0088 🕙8:45 ～
21:30 🔒無休 ¥S$39.50（マウント・フェー
バー・ラインとセントーサ・ライン共通）
♥MRTハーバーフロント駅から徒歩7分 **URL**
www.mountfaberleisure.com 📷○

カラフルな
ケーブルカー

MY FAVORITE HOTEL

憧れのラグジュアリーホテル

1 白亜が美しいコロニアル建築の建物 **2** モダンなインテリアで飾られた客室 **3** 気分高まるアメニティ **4** バトラーを呼べば、客室でコーヒーや紅茶を淹れてくれる

Raffles Singapore

ラッフルズ・シンガポール

（老舗系）

待望のリニューアルオープン

数年間の大規模な改修工事を終え、2019年にリニューアル。改装前の気品ある雰囲気は保ちつつ、インテリアをモダンなデザインに変更。ロビーをきらびやかに彩るチェコ製のシャンデリアはラッフルズホテルの新たなシンボルです。オールスイートの客室は永遠の憧れ！ 新しいレストランも見逃せません。

MAP P.176 D-2 ☎6337-1886 ♠1 Beach Rd. ⊙IN15:00 OUT12:00 ¥スタジオスイートS$900〜 ♥MRTエスプラネード駅から徒歩2分〔シティ〕URL www.raffles.com/singapore

Goodwood Park Hotel
グッドウッド・パーク・ホテル

格式高め系

気品あふれる5つ星

1929年開業の老舗ホテル。赤い尖塔が目印の歴史ある建物は国の文化財に登録されています。中庭のプールでゆったりと過ごしましょう。

[MAP] P.182 D-2 ☎6737-7411 ⌂22 Scotts Rd. ⏰IN15:00 OUT12:00 ¥デラックスメイフェアS$300 ～ ♀MRTオーチャード駅から徒歩12分〔オーチャード・ロード〕[URL] www.goodwoodparkhotel.com 📧○

1 緑豊かなプールサイドでアフタヌーンティーもいただける **2** ヨーロッパの城を思わせるクラシカルな外観 **3** 広々としたデラックスメイフェア

W Singapore -Sentosa Cove
ダブリュ・シンガポール - セントーサ・コーブ

デザイン系

セントーサ島のリゾートホテル

セントーサ島にあるラグジュアリーホテル。館内に配された個性的なアート作品の数々に注目！

[MAP] P.185 C-3 ☎6808-7275 ⌂21 Ocean Way ⏰IN15:00 OUT12:00 ¥ワンダーフルルームS$510 ～ ♀セントーサ・バスのW Hotel / Quayside Isleから徒歩1分〔セントーサ島〕[URL] www.marriott.com/hotels/travel/sinwh-w-singapore-sentosa-cove 📧○

1 客室もハイセンスなデザイン **2** ロビーに置いてあるロダンの彫刻 **3** シンガポール最大規模の屋外プールを備えている

Marina Bay Sands
マリーナベイ・サンズ

エンタメ系

シンガポールのシンボルに泊まる！

最上階のプールやバー、ラグジュアリースパ、レストランなど施設の充実度はピカイチ！ お得な特典がついた客室もあります。

[MAP] P.174 E-3 ☎6688-8868 ⌂10 Bayfront Ave. ⏰IN15:00 OUT11:00 ¥日により異なる ♀MRTベイフロント駅から徒歩5分〔マリーナ〕[URL] jp.marinabaysands.com 📧○

1 シックで落ち着いた雰囲気の客室 **2** 受付の後ろにはカラフルなウォールアートがある **3** ロビー中央にあるバーラウンジ

MY FAVORITE HOTEL
リーズナブル＆おしゃれホテル

次世代
ユース

lyf Funan Singapore
ライフ・フナン・シンガポール
居住空間をシェアする

「何でもシェア」がテーマで、ドミトリーやトイレ共同の部屋などがある。写真スポットが多いのも、SNSでのシェアのため。プライベートの部屋もあります。

MAP P.177 C-3 **☎**6970-2288 **🏠**67 Hill St.
◯IN15:00 OUT12:00 **¥**スタジオルーム$128 〜
◯MRTシティ・ホール駅から徒歩5分〔シティ〕
URL www.lyfbyascott.com/en.html 📱◯

1 客室は広くはないものの、快適に使うための工夫がなされている **2** ゲスト全員が使えるシェアキッチン **3** ロビーはコワーキングスペースになっている

リノベ
系

The Scarlet Singapore
スカーレット・シンガポール
古いショップハウスを改装

チャイナタウンにあるブティックホテル。外観はクラシカルですが、中に入ると雰囲気は一変。豪華でモダンな内装に圧倒されます。繁華街にも近く、ナイトライフも楽しめます。

MAP P.178 D-4 **☎**6511-3333 **🏠**33 Erskine Rd.
◯IN14:00 OUT12:00 **¥**デラックスルーム$208 〜
◯MRTチャイナタウン駅から徒歩6分〔チャイナタウン〕
URL www.thescarletsingapore.com 📱◯

1 いくつかの建物にまたがり客室がある **2** ロビーの天井には豪華なシャンデリアが下がっている **3** 客室はフロアによりテーマとデザインが異なっている

Hotel Mono
ホテル・モノ

シンプル系

シンプルを極めたモノクロホテル

ショップハウスを利用した、ミニマルなホテル。客室やバスルーム、ロビーまで白と黒を基調とした究極にシンプルな空間が広がります。

MAP P.178 D-2 ☎6326-0430 🏠18 Mosque St.
⏰IN15:00 OUT12:00 ¥シングルルーム$125〜
📍MRTチャイナタウン駅から徒歩1分（チャイナタウン）
URL www.hotelmono.com 🈂○

1 余計なものが一切ないシンプルなロビー 2 ロフトタイプの客室もある 3 バスルームは黒タイルか白タイルのどちらか

Lloyd's Inn
ロイズ・イン

隠れ家系

別荘のようなプライベート感

閑静な高級住宅街に佇む隠れ家的ホテルです。緑に囲まれたコンクリートの建物で、内部はモダンなデザインでまとめられています。

MAP P.173 C-3 ☎6737-7309 🏠2 Lloyd Rd.
⏰IN15:00 OUT12:00 ¥スタンダードルーム$188〜
📍MRTサマセット駅から徒歩5分（郊外）
URL lloydsinn.com 🈂○

1 小さな門を抜けた先に広がる、おしゃれな空間 2 部屋はすべて間取りが異なっている 3 バスルームは半アウトドアになっており、開放的

Hotel NuVe Heritage
ホテル・ヌーヴ・ヘリテージ

プチホテル

プラナカンの建物に泊まれる

100年以上前の建物を改装したホテル。白を基調とした内装はシンプルだがスタイリッシュ。入口はレストランと共用。

MAP P.176 D-2 ☎6250-4024 🏠13 Purvis St.
⏰IN15:00 OUT12:00 ¥デラックスキング$170〜
📍MRTエスプラネード駅から徒歩5分（シティ）
URL www.hotelnuveheritage.com 🈂○

1 各部屋には地元アーティストによる絵が掛けられている 2 かわいいプラナカン様式の外観 3 広々としたスイートルーム

Q. シンガポール入国前にしておくことは？

A2. SGアライバルカードを登録しておく

シンガポールでは紙の出入国カードが廃止され、オンラインのSGアライバルカードに変更されました。到着3日前から登録できます。登録が完了するとメールで登録番号の記された書類が送られてくるので、スマートフォンにダウンロードするかプリントアウトして持参しましょう。

SGアライバルカードの登録方法
入国管理局（ICA）のHPから登録可能。パスポート番号や生年月日、滞在ホテル、到着便などの情報が必要となります。
URL eservices.ica.gov.sg/sgarrivalcard

A1. パスポートの期限を確認

●持っている人は…
有効期限を確認
入国時に有効期限が6カ月以上必要です。

●持っていない人は…
まずを申請しましょう
住民登録している都道府県の窓口に、必要書類一式を持参します。休業日を除いて1〜2週間ほどで発行されます。受け取る際は旅券引換書と手数料を忘れずに。

Q. 空港からのアクセスはどれがいい？

A2. バス停近くのホテルならバス

バス停近くのホテルに宿泊する人に便利。バス停は空港の各ターミナルの地下。36の市バスに乗ると市内へ行けます。S$2.10〜、約60分。

A1. お金をかけずに行きたいならMRT

駅は空港のターミナル2と3の間の地下にあります。中心部へはタナ・メラ駅でイーストウエストラインに乗り換えて、S$2.04〜、約30分。

A4. タクシーより手軽でラクチンなシャトルバス

タクシーよりお手頃に移動できます。市内の主要ホテルやビジネス街まで運行。到着ロビーにあるGround Transport Conciergeで申込みを。S$10、約30分。

A3. とにかくラクして移動したいならタクシー

各ターミナルにタクシースタンドがあります。空港特別料金のS$6(17:00〜24:00はS$8)が加算されます。S$30〜45、約30分。

Q. 観光に便利なアプリを教えて

A3. 観光施設のチケット手配ならこれ

Klook

現地ツアーやアクティビティ、スポーツ観戦やコンサート鑑賞などのチケットを予約できる。RWSや博物館チケットも手配可能。

A2. 地元っ子も愛用する地図アプリ

Singapore Map

ローカルも愛用する地図アプリ。目的地までの交通手段を、タクシーやバス、MRT別に表示してくれます。オフラインでも使えて便利。

A1. タクシーの予約はアプリが常識！

GRAB

Grab

公共＆個人タクシーの配車アプリ。利用は出発地点と到着地点を入力するだけ。クレジットカードを登録すれば支払いもアプリでOK(→P.70)。

Q. ABOUT MONEY
シンガポールのお金について教えて

A2. 両替は状況でチョイス

両替所は、銀行や空港、ホテルなどいたるところにあります。ほとんどレートは変わりませんが、週末はレートが悪くなるので平日に両替しておきましょう。

両替所
多くの両替所がショッピングセンター内にあります。買い物の途中で現金がない時に便利！

銀行
銀行は街中のいたるところにあります。土・日曜、祝日は閉まるので平日に利用しましょう。

空港
ホテルまでの移動で現金が必要なら、空港の各ターミナルの到着ロビーで両替を。

ホテル
ホテルのレセプションでも両替してもらえます。緊急時に役に立ちます。

A1. まずはお金の種類を知っておこう

シンガポールの通貨はS$（シンガポールドル）と¢（セント）。紙幣はS$2、S$5、S$10、S$50、S$100。硬貨は¢5、¢10、¢20、¢50、S$1。

> **S$1 ＝ 約113円**
> **1万円 ＝ S$89**
> 2024年4月現在

A3. ATMやクレジットカードを使えばさらにお得

クレジットカードを持っていれば、現地のATMでお金をおろせます。現金よりもレートがいいので、おすすめです。ATM非対応の場合もあるので出国前に確認を。

Q. TAX FREE
免税手続きはどうやったらいい？

A. 書類を準備して提出するだけ！

シンガポールのホテルや飲食店、ショップでは9%の消費税（GST）が課されています。買い物に限り、一定の条件を満たせば還付してもらえます。

免税手続き代行会社
Global Blue グローバル・ブルー
URL www.globalblue.com/japan

消費税（GST）還付の条件

- 店に「TAX FREE」の表示があること
- 16歳以上
- シンガポール国民、または永住者ではないこと
- 購入した日から2カ月以内に、チャンギ国際空港またはセレター空港から、購入品を国外に持ち出すこと

③ 還付金を受け取る

還付金は、チャンギ国際空港なら現金、クレジットカード口座への振り込みのいずれかを選択できます。現金での払い戻しの場合は、空港内の出国審査のあとにあるセントラル・リファンド・カウンターCentral Refund Counterで受付通知書を提示して受け取ります。

② 空港で書類を提出

出国時に購入履歴を記録してもらったカードを持って、eTRSセルフサービス・キオスクで手続きを行いましょう。手続き完了後受付通知票が発行されるので、それを見て税関検査カウンターへ立ち寄る必要があるか確認を。必要な場合は税関検査カウンターで購入品の検査を受けます。

① 買い物したら書類を作成

「TAX FREE」の表示がある店で1回につきS$100以上の買い物をしたら、クレジットカードを提示し購入履歴を記録してもらう（電子認証システムeTRSが導入されているので、書面の免税書類をもらう必要はない）。カードがない場合はパスポートを提示し免税書類を受け取ります。

Q. TICKET
交通チケットの違いが分からない！

A2. 電子マネー式が便利なICカード

EZ Link Card
イージー・リンクカード
電子マネーとしても使えるチャージ式ICカード。料金はS$10で、そのうちのS$5が利用可能。自動券売機ではS$10からチャージ可能。MRTの駅やセブンイレブンで販売しています。表面には日本のアニメキャラなどが印刷されています。

A1. 市内交通を頻繁に利用するならこちら

Singapore Tourist Pass
シンガポール・ツーリスト・パス
MRTと市バスが乗り放題の旅行者用パス。1日券S$22、2日券S$29、3日券S$34の3種類（デポジットS$10を含む）。MRTの駅窓口で購入でき、5日以内に返却するとデポジットが返金されます。

2022年3月にスタンダード・チケット（切符）が廃止され、プリペイド式カードが必須に。非接触タイプのクレジットカードでも利用可。

Q. TRANSPORTATION
交通手段を詳しく知りたい

A2. マスターすれば便利なバス

中心部から郊外までを走る市バス。シンガポールの公共交通機関の中で最も安いですが、車内アナウンスやバス停の名前がないので、乗りこなすのは難易度高め。

乗車方法
① バス停を探す。バスが来たら手を挙げて停止させ前から乗車
↓
② 車内にある端末にICカードをタッチする。残額が少ない場合はエラーが出る
↓
③ 目的地が近づいてきたら赤いSTOPボタンを押す
↓
④ 後方から出る。降りる時もICカードを機械にタッチするのを忘れずに

A1. 安くて乗り方が簡単なMRT

国内全体を網羅するMRTは、安くて簡単に乗れます。色分けされた路線に従えば、乗り換えもスムーズ。近年は拡張工事が行われています。

乗車方法
① 残額（S$3以上）のあるICカードを持っている場合は改札へ
↓
② 改札機にICカードをピッと音が鳴るまでかざす
↓
③ 掲示板の案内に従い乗りたい路線のホームへ
↓
④ 目的地に着いたらICカードをかざして改札を出る

A3. 迷子の心配なし！タクシー

タクシーの停め方
〈 道路 〉
基本的に道路でタクシーが停止することは禁止されているが、交通量の少ない場所であれば停まってくれる。
〈 タクシースタンド 〉
タクシースタンドで乗車するのが基本。ショッピングセンターやホテル、MRTや大通りに設置されている。

料金について
〈 初乗り 〉
タクシー会社により初乗り料金が異なる。後部座席の窓に料金表があるので乗る前に確認しておこう。
〈 追加料金 〉
曜日や時間帯によって通行料金を加算される。乗車場所によりロケーションチャージもある。深夜（24:00 〜 翌5:59）：+50%　ラッシュアワー（月〜金曜6:00 〜 9:30、月〜日曜、祝日18:00 〜 23:59）：+25%　ERPゲート通過：+S$0.5 〜 8

シンガポールのタクシーは日本と比べて安い！料金やタクシーの停め方は日本と異なるので乗車前に確認しておきましょう。

Q. 知っておくべきことは？

CHECK

A3. 水は買うのが オススメ

水道水は、衛生的には心配ないですが、気になる人は市販の水を買いましょう。ご当地ドリンクの100PLUSもおすすめ。

A2. ポイ捨ては罰金！

罰金制度が厳しいことで有名なシンガポールですが、ゴミのポイ捨てもその対象になります。そのおかげで街にはほとんどゴミが落ちていません。ツバを吐くなどの行為もNG。

A1. 持ち込み禁止＆ 制限に注意！

シンガポールでは入国の際に持ち込みが禁止・制限されている物が意外と多いのです。チューインガムなどうっかり持ち込んでしまいそうな物もあるので、事前にしっかり確認しておきましょう。

A5. 晴れていても折り たたみ傘は必須

シンガポールは乾季（2～10月）と雨季（11～1月）に分かれています。雨季といってもスコールが1日に数回降る程度。傘を持ち歩いておくと安心です！

A4. Wi-Fiスポット 増加中

ショッピングセンターやレストランでは無料でWi-Fiに接続できます。一部のMRTの駅構内でも公共のWi-Fiが利用できる場所が増えてきています。心配な人はルーターを借りましょう。

入国・免税範囲	
酒	計2ℓまで。蒸留酒1ℓ＋ワイン1ℓ、蒸留酒1ℓ＋ビール1ℓ、ワイン1ℓ＋ビール1ℓ、またはワイン2ℓ、ビール2ℓの5通りの組み合わせ以内の量なら免税となる
たばこ	日本国内で販売されているたばこはすべて持ち込み不可
通貨	S＄2万以上は要申告

A7. 冷房の寒さ 対策を忘れずに

シンガポールの屋内は冷房がよく効いています。カーディガンなど1枚羽織れるものを常備しておきましょう。

A6. ドリアンの持ち込みに気をつけて！

強烈な匂いを発するドリアン。MRTやホテルでは持ち込みが禁止されています。お菓子などの加工品はOKです。

持ち込み禁止	
チューインガム	治療目的の場合は除く
噛みタバコ・電子タバコ	持ち込みも使用も禁止
武器・爆発物	爆竹やピストルの形をしたライターもNG
わいせつな物	記事や雑誌、DVDやビデオなど

Q. トラブルに遭ったらどうしたらいい？

TROUBLE

A3. 病気やケガを したら保険会社へ

海外旅行保険に入っているなら、病院に行く前に保険会社に連絡を。指定された病院で診察を受けた後、必要書類をもらい再度保険会社に連絡しましょう。会社により手続きが異なるので事前に流れを把握しておくと、もしもの時に安心です。

① 保険会社に連絡
② 指定された病院で診察・治療
③ 支払いをする
④ 保険会社に再度連絡

A2. 緊急連絡先に すぐTEL

- 救急
 995
- 警察
 999
- 在シンガポール
 日本国大使館
 6235-8855
- チャンギ国際空港
 6595-6868

A1. 盗難・紛失の 被害に遭ったら

まずは警察に行き「盗難・紛失証明書」の発行を。その後の流れは紛失物によって異なります。

パスポート
証明書を発行後、日本領事館で紛失の失効手続きを行い、パスポートの新規発行と帰国のための渡航書の手続きを行います。

クレジットカード
すぐにクレジットカード会社に利用停止の連絡をしましょう。カード番号や有効期限などを事前に控えておくとスムーズ。

現金・貴重品
貴重品は海外旅行傷害保険に加入していれば、補償金を請求できる場合もあります。まずは地元警察に連絡しましょう。

24H Singapore guide TRAVEL INFORMATION

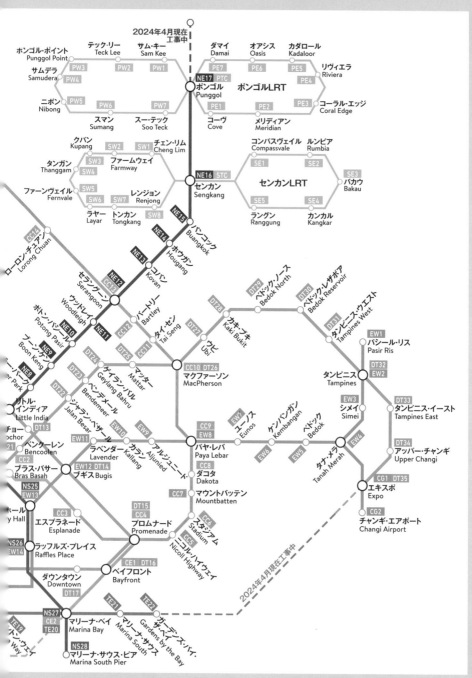

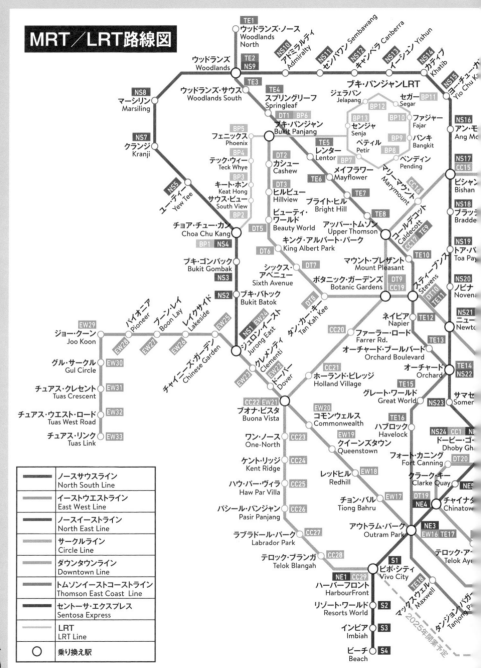

MRT／LRT路線図

凡例	
ノースサウスライン North South Line	
イーストウエストライン East West Line	
ノースイーストライン North East Line	
サークルライン Circle Line	
ダウンタウンライン Downtown Line	
トムソンイーストコーストライン Thomson East Coast Line	
セントーサ・エクスプレス Sentosa Express	
LRT LRT Line	
○ 乗り換え駅	

駅名（抜粋）

ウッドランズ・ノース Woodlands North (TE1)
ウッドランズ Woodlands (TE2 / NS9)
アドミラルティ Admiralty (NS10)
センバワン Sembawang (NS11)
キャンベラ Canberra (NS12)
イーシュン Yishun (NS13)
カティブ Khatib (NS14)
ヨー・チュー・カン Yio Chu K (NS15)
ウッドランズ・サウス Woodlands South (TE3)
スプリングリーフ Springleaf (TE4)
ブキ・パンジャンLRT
ジェラパン Jelapang (BP12)
センジャ Senja (BP13)
セガー Segar (BP11)
ファジャー Fajar (BP10)
マーシリン Marsiling (NS8)
フェニックス Phoenix (BP5)
ブキ・パンジャン Bukit Panjang (DT1 / BP6)
ペティル Petir (BP8)
バンキ Bangkit (BP9)
アン・モ Ang M (NS16)
クランジ Kranji (NS7)
テック・ウィー Teck Whye (BP4)
カシュー Cashew (DT2)
レンター Lentor (TE5)
ペンディン Pending (BP7)
ビシャン Bishan (NS17 / CC15)
キート・ホン Keat Hong (BP3)
サウス・ビュー South View (BP2)
ヒルビュー Hillview (DT3)
メイフラワー Mayflower (TE6)
マリーマウント Marymount (CC16)
ユー・ティー Yew Tee (NS5)
ビューティ・ワールド Beauty World (DT5)
ブライト・ヒル Bright Hill (TE7)
ブラッダ Bradde (NS18)
チョア・チュー・カン Choa Chu Kang (BP1 / NS4)
キング・アルバート・パーク King Albert Park (DT6)
アッパー・トムソン Upper Thomson (TE8)
カルデコット Caldecott (CC17 / TE9)
トア・パ Toa Pay (NS19)
ブキ・ゴンバック Bukit Gombak (NS3)
シックス・アベニュー Sixth Avenue (DT7)
マウント・プレザント Mount Pleasant (TE10)
スティーブンス Stevens (TE11 / DT10)
ノビナ Novena (NS20)
ブキ・バトック Bukit Batok (NS2)
ボタニック・ガーデンズ Botanic Gardens (DT9 / CC19)
ネイビア Napier (TE12)
ニュー Newton (NS21)
ジュロン・イースト Jurong East (NS1 / EW24)
タン・カー・キー Tan Kah Kee (DT8)
ファーラー・ロード Farrer Rd. (CC20)
ファーラー・ロード Farrer Rd. (TE13)
パイオニア Pioneer (EW28)
ブーン・レイ Boon Lay (EW27)
レイクサイド Lakeside (EW26)
クレメンティ Clementi (EW23)
オーチャード・ブールバード Orchard Boulevard
オーチャード Orchard (TE14 / NS22)
ジョー・クーン Joo Koon (EW29)
チャイニーズ・ガーデン Chinese Garden (EW25)
ドーバー Dover
ホーランド・ビレッジ Holland Village (CC21)
グレート・ワールド Great World (TE15)
サメ Somer (NS23)
グル・サークル Gul Circle (EW30)
ブオナ・ビスタ Buona Vista (CC22 / EW21)
コモンウェルス Commonwealth (EW20)
ハブロック Havelock (TE16)
ドービー・ゴ Dhoby Gh (NS24 / CC1)
チュアス・クレセント Tuas Crescent (EW31)
ワン・ノース One-North (CC23)
クイーンズタウン Queenstown (EW19)
フォート・カニング Fort Canning (DT20)
チュアス・ウエスト・ロード Tuas West Road (EW32)
ケント・リッジ Kent Ridge (CC24)
レッドヒル Redhill (EW18)
クラーク・キー Clarke Quay (NE)
チュアス・リンク Tuas Link (EW33)
ハウ・パー・ヴィラ Haw Par Villa (CC25)
チョン・バル Tiong Bahru (EW17)
チャイナタ Chinatow (DT19 / NE4)
パシール・パンジャン Pasir Panjang (CC26)
アウトラム・パーク Outram Park (NE3 / EW16 / EW17)
ラブラドール・パーク Labrador Park (CC27)
テロック・ア Telok Aye
テロック・ブランガ Telok Blangah (CC28)
ビボ・シティ Vivo City (S1)
ハーバーフロント HarbourFront (NE1 / CC29)
マックスウェル Maxwell (TE18)
ダウンタウン Tanjong P
リゾート・ワールド Resorts World (S2)
インビア Imbiah (S3)
ビーチ Beach (S4)

シンガポール全図

N   0   1.5   3km
1:185,000

マレーシア
MALAYSIA

ジョホール水道
Selat Johor

イーシュン
NS12 Yishun
Canberra

NS13 Yishun

イーシュン・パーク
Yishun Park
セレター空港
Seletar Airport
セランゴーン島
（コニー・アイランド）
Serangoon Island
(Coney Island)
ウビン島
Pulau Ubin

セランゴーン湾
Serangoon Harbour

Khatib
NS14
オーキッド・カントリー・クラブ
Orchid Country Club
NE17
Punggol

Sungei Seletar
Reservoir
セレタール・カントリー・クラブ
Seletar Country Club

leaf

NE16
Sengkang

アン・モ・キオ
Ang Mo Kio
Lentor
センカン
Sengkang

チャンギ・ポイント・フェリーターミナル
Changi Point Ferry Terminal

E5
Chu Kang

NE15
Buangkok

ホウガン
Hougang

チャンギ・ビーチ・パーク
Changi Beach Park

NS15
Mo Kio
NS16

NE14
Hougang

P.134
HSBCライト・アンド・サウンド・ショー
HSBC Light & Sound Show
ジュエル Jewel P.146

バシール・リス公園
Pasir Ris Park

EW1
Pasir Ris

チャンギ
Changi

Upper
thomson
アン・モ・キオ P.71
Ang Mo Kio

NE13 Kovan

セランゴーン
Serangoon

タンピニス
Tampines

チャンギ国際空港
Changi International Airport

TE8
Bishan
NS17
スカイ・ハビタットP.112
Sky Habitat

タンピニス
Tampines
DT32 EW2
タンピニス・イースト
Tampines East
DT33

CG2
チャンギ・エアポート
Changi Airport

ount
CC16

NE12 CC13 Serangoon
タンビニス・ニュータウン
Tampines New Town

TE9
ビシャン公立図書館 P.112
Bishan Public
Library
CC12 Bartley
Bedok North
Woodleigh
DT29
Bedok
Reservoir
DT31
Tampines West
EW3
Simei
DT30
Upper Changi

cott
NE11
Tai seng
トア・パヨ
Toa Payoh

パン・アイランド・エクスプレスウェイ
Pan Island Expressway
Singapore
Expo
CG1 DT35
Expo

MRTノース・イースト・ライン
MRT North East Line

ベドック
Bedok

DT34

T NS North South Line

EW5
Bedok
EW4
Tanah Merah

rd
リトル・インディア
Little India
MRTイーストウエストライン
MRT East West Line
EW6
Kembangan

タナ・メラ・フェリーターミナル（TMFT）
Tanah Merah Ferry Terminal

アラブ・ストリート
Arab Street
カトン
Katong
イースト・コースト・パークウェイ
East Coast Parkway

DT14

シティ
City
DT15 CC4 Promenade

DT19
マリーナ
Marina

チャイナタウン
Chinatown
TE22 Gardens by the Bay
NS27 CE2 TE20
Marina Bay

NE3 EW16
Outram Park
Marina South Pier
NS28

urFront
二島
Blani
P.172 シンガポール中心部

サ島
Island
P.185 セントーサ島

ビンタン島

シンガポール海峡
Straits of Singapore

クス島
Kusu Island

セント・ジョンズ島
St. John's Island

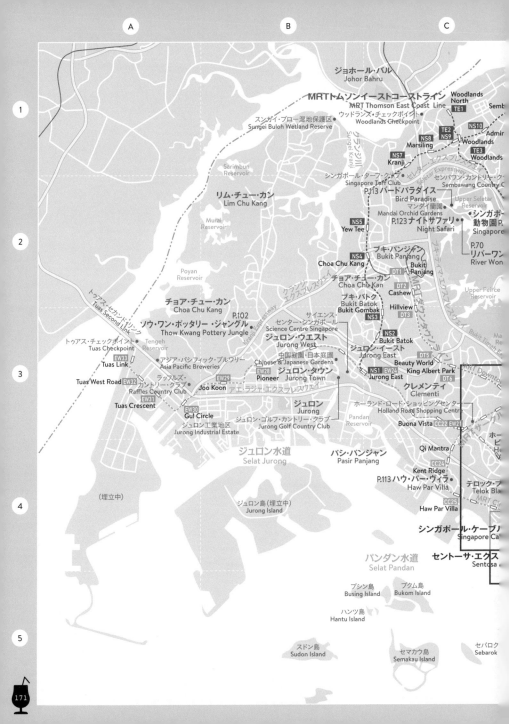

A　　　　　　B　　　　　　C

1

ジョホール・バル
Johor Bahru

MRTトムソンイーストコーストライン
MRT Thomson East Coast Line

スンガイ・ブロー湿地保護区
Sungei Buloh Wetland Reserve

Woodlands
North
TE1
Sembt

ウッドランズ・チェックポイント
Woodlands Checkpoint

NS10
Admir

TE2　NS9
NS8
マルシリン
Marsiling

Woodlands
TE3
Woodlands

NS7
クランジ
Kranji

シンガポール・ターフ・クラブ
Singapore Terf Club

センバワン・カントリー・ク
Sembawang Country C

リム・チュー・カン
Lim Chu Kang

P.113 バードパラダイス
Bird Paradise

マンダイ蘭園
Mandai Orchid Gardens

Upper Seletar
Reservoir

Sarimbun
Reservoir

2

Murai
Reservoir

NS5
イーティー
Yew Tee

P.123 ナイトサファリ
Night Safari

シンガポ
動物園 P.
Singapore

Poyan
Reservoir

NS4
チョア・チュー・カン
Choa Chu Kang

ブキ・パンジャン
Bukit Panjang

DT1
Bukit
Panjang

P.70
リバーワン
River Won

チョア・チュー・カン
Choa Chu Kan

DT2
Cashew

Upper Peirce
Reservoir

チョア・チュー・カン
Choa Chu Kang

ブキ・バトク
Bukit Batok
Bukit Gombak

Hillview
DT3

トゥアス・セカンド・リンク
Tuas Second Link

P.102
ソウ・ワン・ポッタリー・ジャングル
Thow Kwang Pottery Jungle

サイエンス・
センター・シンガポール
Science Centre Singapore

NS3

NS2
ブキ・バトク
Bukit Batok

ジュロン・イースト
Jurong East

DT5

3

Tengeh
Reservoir

トゥアス・チェックポイント
Tuas Checkpoint

ジュロン・ウエスト
Jurong West

DT6

ビューティー・ワールド
Beauty World
King Albert Park

EW33
Tuas Link

アジア・パシフィック・ブルワリー
Asia Pacific Breweries

中国庭園・日本庭園
Chinese & Japanese Gardens

NS1 EW24

ラッフルズ・
カントリー・クラブ
Raffles Country Club

EW28
ジュロン・タウン
Jurong Town

ジュロン・イースト
Jurong East

クレメンティ
Clementi

Tuas West Road
EW32

EW29
Joo Koon
パイオニア
Pioneer

アエ・ラジャ・エクスプレスウェイ

EW31
Tuas Crescent

EW30
Gul Circle

ジュロン
Jurong

ジュロン工業地区
Jurong Industrial Estate

ジュロン・ゴルフ・カントリー・クラブ
Jurong Golf Country Club

Pandan
Reservoir

ホーランド・ロード・ショッピングセンター
Holland Road Shopping Centr

Buona Vista
CC22 EW21

MRTサ

ホー
H

4

ジュロン水道
Selat Jurong

パシ・パンジャン
Pasir Panjang

Qi Mantra

CC24

ケント・リッジ
Kent Ridge

テロック・フ
Telok Bla

(埋立中)

ジュロン島 (埋立中)
Jurong Island

P.113 ハウ・パー・ヴィラ
Haw Par Villa

CC25
Haw Par Villa

シンガポール・ケーブ
Singapore Ca

パンダン水道
Selat Pandan

セントーサ・エクス
Sentosa

5

ブシン島
Busing Island

ブクム島
Bukom Island

ハンツ島
Hantu Island

スドン島
Sudon Island

セマカウ島
Semakau Island

セバロク
Sebarok

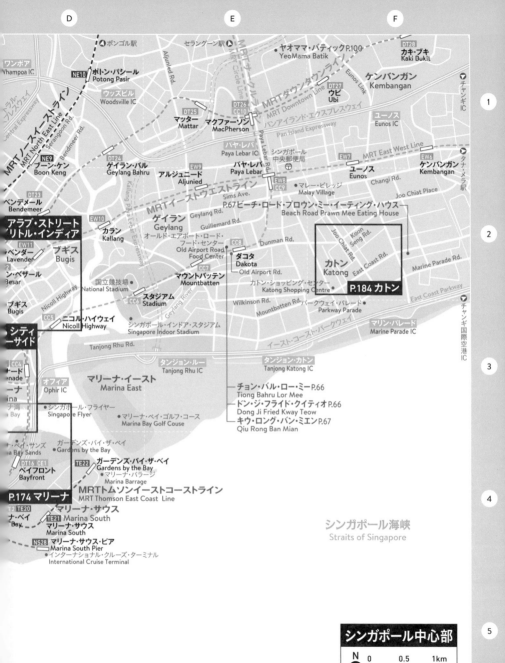

D　E　F

ポンゴル駅

セラングーン駅

ヤオママ・バティック P.100
YeoMama Batik

カキ・ブキ
Kaki Dukit

ワンポア
Vhampoa IC

NE10 **ポトン・パシール**
Potong Pasir

ウッズビル
Woodsville IC

ケンバンガン
Kembangan

チャンギIC

マッター
Mattar

マクファーソン
MacPherson

ウビ
Ubi

MRT Circle Line

MRTダウンタウンライン
MRT Downtown Line

パンアイランド・エクスプレスウェイ
Pan Island Expressway

ユーノス
Eunos IC

NE9 **ブーン・ケン**
Boon Keng

DT24 **ゲイラン・バル**
Geylang Bahru

EW9 **アルジュニード**
Aljunied

パヤ・レバ
Paya Lebar IC

パヤ・レバ
Paya Lebar

シンガポール
中央郵便局

EW7 **ユーノス**
Eunos

ケンバンガン
Kembangan

タナ・メラ駅

DT23 ベンデメール
Bendemeer

MRTイーストウエストライン

EW8 **CC9**

マレー・ビレッジ
Malay Village

Changi Rd.

Joo Chiat Place

**アラブ・ストリート
リトル・インディア**

EW10 **カラン**
Kallang

ゲイラン
Geylang

Geylang Rd.

Guillemard Rd.

P.67 ビーチ・ロード・プラウン・ミー・イーティング・ハウス
Beach Road Prawn Mee Eating House

EW11 **ベンダ**
Lavender

ブギス
Bugis

オールド・エアポート・ロード・
フード・センター
Old Airport Road
Food Center

CC8

Dunman Rd.

Koon
Seng Rd.

East Coast Rd.

Marine Parade Rd.

ン・ベザール
Besar

ダコタ
Dakota

Old Airport Rd.

カトン
Katong

ブギス
Bugis

国立競技場
National Stadium

CC7 **マウントバッテン**
Mountbatten

カトン・ショッピング・センター
Katong Shopping Centre

P.184 カトン

East Coast Parkway

CC6 **スタジアム**
Stadium

Wilkinson Rd.

パークウェイ・パレード
Parkway Parade

**シティ
ーサイド**

CC5 **ニコル・ハイウェイ**
Nicoll Highway

シンガポール・インドア・スタジアム
Singapore Indoor Stadium

Mountbatten Rd.

イースト・コースト・パークウェイ

マリン・パレード
Marine Parade

マリン・パレード
Marine Parade IC

CC4
nade

Tanjong Rhu Rd.

チャンギ国際空港IC

ード
nade

オフィア
Ophir IC

マリーナ・イースト
Marina East

タンジョン・ルー
Tanjong Rhu IC

タンジョン・カトン
Tanjong Katong IC

ーナ
ina

シンガポール・フライヤー
Singapore Flyer

マリーナ・ベイ・ゴルフ・コース
Marina Bay Golf Couse

チョン・バル・ロー・ミー P.66
Tiong Bahru Lor Mee

ナ 島
Bay

・ベイ・サンズ
a Bay Sands

ガーデンズ・バイ・ザ・ベイ
Gardens by the Bay

ドン・ジ・フライド・クイティオ P.66
Dong Ji Fried Kway Teow

DT16 **CE1**
ベイフロント
Bayfront

TE22 **ガーデンズ・バイ・ザ・ベイ**
Gardens by the Bay

マリーナ・バラージ
Marina Barrage

キウ・ロン・バン・ミエン P.67
Qiu Rong Ban Mian

MRTトムソンイーストコーストライン
MRT Thomson East Coast Line

P.174 マリーナ

TE20
ナ・ベイ
Bay

マリーナ・サウス
Marina South

TE21 Marina South
マリーナ・サウス
Marina South

シンガポール海峡
Straits of Singapore

NS28 **マリーナ・サウス・ピア**
Marina South Pier

インターナショナル・クルーズ・ターミナル
International Cruise Terminal

シンガポール中心部

N　0　0.5　1km
1:52,000

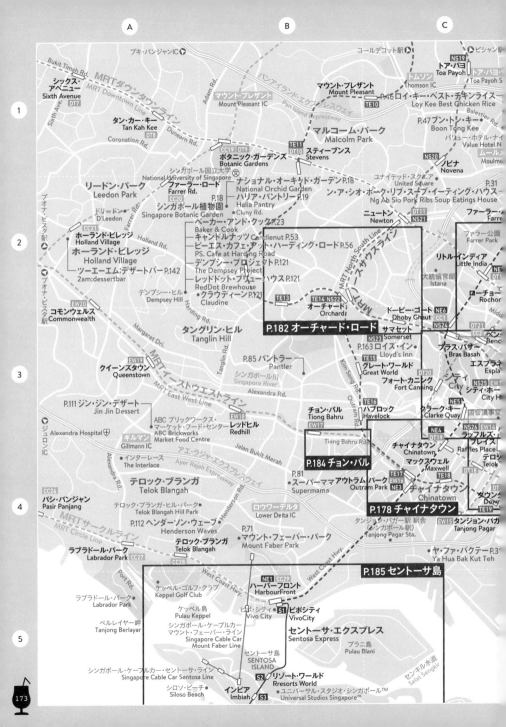

ラネード・モール
ade Mall

マリーナ
MARINA

P.128,134 シンガポール・フライヤー•
Singapore Flyer

コート・アット・マリーナ・ベイ•
The Float @ Marina Bay

リバークルーズ乗り場

マリーナ湾
Marina Bay

P.128 ヘリックス橋•
Helix Bridge

リバークルーズ乗り場•

Bayfront Ave.

MRT Circle Line

イーストコースト・パークウェイ
East Coast Parkway

ベンジャミン・シアーズ橋
Benjamin Sheares Bridge

P.39
ートサイエンス・ミュージアム•
ArtScience Museum

クリスタル・パビリオン•
rystal Pavillion(North)

マーガレット P.132
Marguerite

フラワー・ドーム・アンド・クラウド・フォレスト
Flower Dome & Cloud Forest

スペクトラ
Spectra

イベントプラザ•
Event Plaza

マリーナベイ・サンズ P.38,161
Marina Bay Sands

P.125 サテー・バイ・ザ・ベイ•
Satay by the Bay

P.41 ザ・ショップス アット•
マリーナベイ・サンズ
e Shoppes at Marina Bay Sands

サンズ・スカイパーク インフィニティプール P.17
Sans SkyPark Infinity pool

スカイパーク展望台 P.40
SkyPark Observation Deck

クリスタル・パビリオン•
Crystal Pavillion(South)

セ・ラ・ヴィ P.40
CÉ LA VI

モーニングヨガ P.70
Morning Yoga

P.28,129 ガーデンズ・バイ・ザ・ベイ•
Gardens by the Bay

P.127 OCBCガーデン・ラプソディ—
OCBC Garden Rhapsody

OCBCスカイウェイ•
OCBC Skyway

クルーズ乗り場•

CE1
DT16
ベイフロント
Bayfront

トースト・ボックス P.30,33
Toast Box

ジョー・マローン・ロンドンP.41
Jo Malone London

ペドロ P.41
Pedro

サンズ P.41
suns

フローラル・ファンタジー•
Floral Fantasy

ラサプラ・マスターズ P.49
Rasapura Masters

グアン・キー・ローステッド・ダック P.64
Guan Chee Roasted Duck

リーナ・ベイ・シティ・ギャラリー
arina Bay City Gallery

ティーダブリュジー・ティー・ガーデンズ・アット・マリーナベイ・サンズ P.89,95
TWG Tea Gardens at Marina Bay Sands

ユー・ヤン・サン P.107
Eu Yan Sang

マーキー・シンガポール P.146
MARQUEE SINGAPORE

マリーナベイ・サンズ カジノ
Marina Bay Sands Casino

Marine Gardens Dr.

Marine Grove

Marine Mall

ーナ・サウス
INA SOUTH

1

2

3

4

5

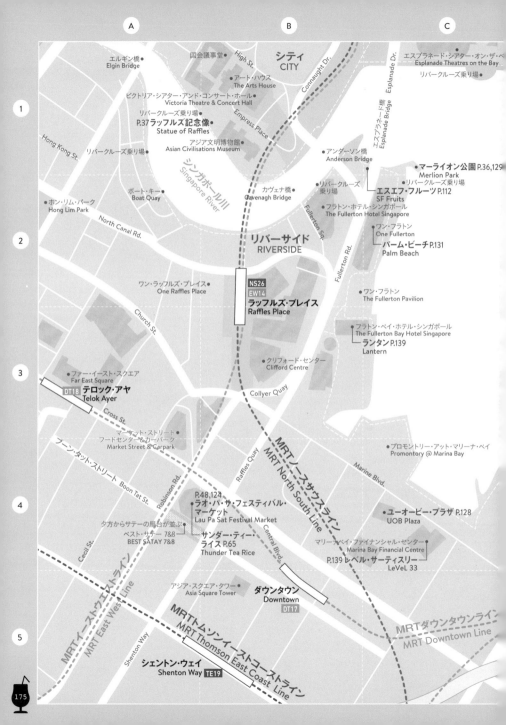

シティ／リバーサイド

N   0   50   100m
1:8,500

Middle Rd.

ブギス・ジャンクション
Bugis Junction

セント・ジョセフズ教会
St. Joseph's Church

ア・ロイ・タイ P.65
Ah Loy Thai

Tan Quee Lan St.

バシャール・グラフィック・ブックス P.92
Basheer Graphic Books

ブック・ポイント P.93
Book Point

アー・チュー・デザート P.108
Ah Chew Desserts

インターコンチネンタル
シンガポール

Liang Seah St.

国立図書館 National Library

エバーニュー・ブックストア P.93
Evernew Book Store
P.92

Beach Rd.

ブラス・バサー・
コンプレックス
Bras Basah
Complex

North Bridge Rd.

ミントおもちゃ博物館
Mint Museum of Toys

ホテル・ヌーヴ・ヘリテージ P.163
Hotel NuVe Heritage

Rochor Rd.

MRTダウンタウンライン
MRT Downtown Line

Nicoll Highway

サンテック・シティ・モール
Suntec City Mall

Temasek Blvd.

カールトン・ホテル・
シンガポール
Carlton Hotel
Singapore

ワイワイ・カフェ・ディエン P.30,33
YY Kafei Dian

ノーミ・ホテル
naumi Hotel

ラッフルズ・ホテル・アーケード
Raffles Hotel Arcade

P.50
レイ・ガーデン
Lei Garden
ャイムス
hijmes

ラッフルズ・ブティック P.79
Raffles Boutique

P.76,160

ラッフルズ・シンガポール
Raffles Singapore

ロング・バー P.79
Long Bar

富の噴水 P.27
Fountain of Wealth

クッキー・
ミュージアム
e Cookie
Museum
フルズ・シティ
Raffles City

アンティドート P.82
Anti:dote

グランド・ロビー P.77
The Grand Lobby

フェアモント・シンガポール
Fairmont Singapore

CC3
エスプラネード
Esplanade

シンガポール国際会議展示センター
Singapore International
Convention & Exhibition Centre

オフィア
Ophir IC

NS25 EW13
シティ・ホール
City Hall

スイソテル・ザ・スタンフォード
Swissôtel The Stamford

ジャーン Jaan P.132

スカイ・バー P.139
SKAI Bar

MRTサークルライン
MRT Circle Line

コンラッド・センテニアル
Conrad Centennial

ミレニア・ウォーク
Millenia Walk

DT15 CC4
プロムナード
Promenade

ト・アンドリュース大聖堂
t. Andrew's Cathedral

戦争記念公園

シティリンク・モール（地下街）
Citylink Mall

ワン・ラッフルズ・リンク
One Raffles Link

パン・パシフィック・
ホテル・シンガポール
The Pan Pacific Hotel Singapore

Raffles Blvd.

Temasek Ave.

シティ
CITY

エスプラネード・
パーク
Esplanade Park

Stamford Rd.

Esplanade Dr.

パーク・ロイヤル・コレクション・マリーナベイ
Park Royal Collection Marina Bay

マリーナ
MARINA

マリーナ・スクエア
Marina Square

P.135 ケンコー・ウェルネス
Kenko Wellness

マンダリン・オリエンタル
Mandarin Oriental

リッツ・カールトン・
ミレニア・シンガポール
The Ritz-Carlton Millenia Singapore
P.83
リパブリック
Republic

MRTサークルライン MRT Circle Line

East Coast Parkway

Connaught Dr.

エスプラネード・シアター・
オン・ザ・ベイ P.112
Esplanade Theatres
on the Bay

エスプラネード・モール Esplanade Mall

マカンストラ・グラットンズ・ベイ
Makansutra Gluttons Bay

Ruffles Ave.

アンダーソン橋
Anderson Bridge

リバークルーズ乗り場

エスプラネード・モール
Esplanade Mall

ザ・フロート・アット・マリーナベイ
The Float @ Marina Bay

ヘリックス橋
Helix Bridge

バーサイド
VERSIDE

マリーナ湾
Marina Bay

ヴェナ橋
venagh Bridge

マーライオン公園
Merlion Park

リバークルーズ乗り場

リバークルーズ乗り場

ワン・フラトン
One Fullerton

フラトン・ホテル・シンガポール
The Fullerton Hotel Singapore

アートサイエンス・ミュージアム
ArtScience Museum

Bayfront Ave.

ベンジャミン・シアーズ・ブリッジ
Benjamin Sheares Bridge

イーストコーストパークウェイ

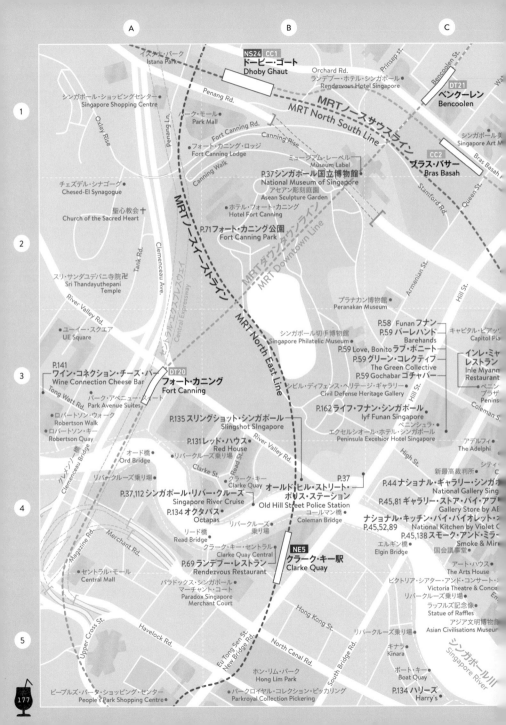

A　B　C

1

2

3

4

5

NS24 **CC1**
ドービー・ゴート
Dhoby Ghaut

イスタナ・パーク
Istana Park

Orchard Rd.
ランデブー・ホテル・シンガポール
Rendezvous Hotel Singapore

MRTノースサウスライン
MRT North South Line

Penang Rd.

シンガポール・ショッピングセンター
Singapore Shopping Centre

パーク・モール
Park Mall

Fort Canning Rd.

Canning Rise

DT21
ベンクーレン
Bencoolen

シンガポール美
Singapore Art M

CC2
ブラス・バサー
Bras Basah

チェズド・エル・シナゴーグ
Chesed-El Synagogue

フォート・カニング・ロッジ
Fort Canning Lodge

Canning Walk

ミュージアム・レーベル
Museum Label

P.37シンガポール国立博物館
National Museum of Singapore

アセアン彫刻庭園
Asean Sculpture Garden

聖心教会 †
Church of the Sacred Heart

ホテル・フォート・カニング
Hotel Fort Canning

P.71フォート・カニング公園
Fort Canning Park

MRTダウンタウンライン
MRT Downtown Line

スリ・サンダユダパニ寺院 卍
Sri Thandayuthapani Temple

プラナカン博物館
Peranakan Museum

River Valley Rd.

ユーイー・スクエア
UE Square

シンガポール切手博物館
Singapore Philatelic Museum

P.58 Funan フナン
P.59 バーレハンド
Barehands
P.59 Love, Bonito ラブ・ボニート
P.59 グリーン・コレクティブ
The Green Collective
P.59 Gochabar ゴチャバー

キャピタル・ピアッ
Capitol Pia

インレ・ミャ
レストラン
Inle Myann
Restaurant

DT20
フォート・カニング
Fort Canning

P.141
ワイン・コネクション・チーズ・バー
Wine Connection Cheese Bar

パーク・アベニュー・スイート
Park Avenue Suites

シビル・ディフェンス・ヘリテージ・ギャラリー
Civil Defense Heritage Gallery

P.162ライフ・フナン・シンガポール
iyf Funan Singapore

エクセルシオール・ホテル・シンガポール
Peninsula Excelsior Hotel Singapore

ペニン
プラザ
Penins

ベニンシュラ・
アデルフィ
The Adelphi

ロバートソン・ウォーク
Robertson Walk

ロバートソン・キー
Robertson Quay

P.135スリングショット・シンガポール
Slingshot Singapore

クラーク・キー乗り場

P.131レッド・ハウス
Red House

River Valley Rd.

Clarke St.

High St.

新最高裁判所
シティ
C

P.37,112シンガポール・リバー・クルーズ
Singapore River Cruise

クラーク・キー
Clarke Quay

オールド・ヒル・ストリート・
ポリス・ステーション
Old Hill Street Police Station

P.37

P.44ナショナル・ギャラリー・シンガ
National Gallery Sing

P.45,81ギャラリー・ストア・バイ・アブ
Gallery Store by AB

P.134オクタパス
Octapas

リバークルーズ
乗り場

コールマン橋
Coleman Bridge

P.45,52,89 ナショナル・キッチン・バイ・バイオレット・
National Kitchen by Violet O

P.45,138スモーク・アンド・ミラー
Smoke & Mir

セントラル・モール
Central Mall

リード橋
Read Bridge

クラーク・キー・セントラル
Clarke Quay Central

NE5
クラーク・キー駅
Clarke Quay

エルギン橋
Elgin Bridge

国会議事堂

アート・ハウス
The Arts House

P.69ランデブー・レストラン
Rendezvous Restaurant

パラドックス・シンガポール
マーチャント・コート
Paradox Singapore
Merchant Court

Merchant Rd.

Magazine Rd.

Havelock Rd.

Hong Kong St.

ビクトリア・シアター・アンド・コンサート・
Victoria Theatre & Conce

リバークルーズ乗り場

ラッフルズ記念像
Statue of Raffles

アジア文明博物
Asian Civilisations Museur

Upper Cross St.

New Bridge Rd.

Eu Tong Sen St.

North Canal Rd.

South Bridge Rd.

リバークルーズ乗り場

キナラ
Kinara

ボート・キー
Boat Quay

シンガポール川
Singapore River

ピープルズ・パーク・ショッピング・センター
People's Park Shopping Centre

ホン・リム・パーク
Hong Lim Park

パークロイヤル・コレクション・ピッカリング
Parkroyal Collection Pickering

P.134ハリーズ
Harry's

177

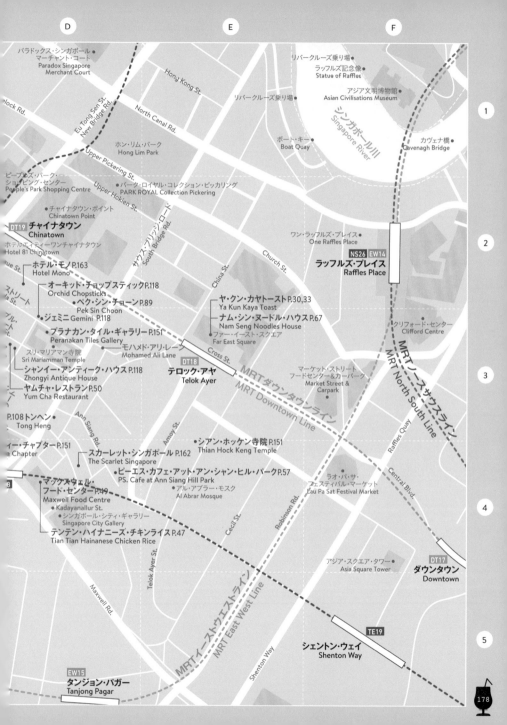

パラドックス・シンガポール・
マーチャント・コート
Paradox Singapore
Merchant Court

リバークルーズ乗り場
Statue of Raffles
ラッフルズ記念像

リバークルーズ乗り場

アジア文明博物館
Asian Civilisations Museum

Hong Kong St.

North Canal Rd.

Eu Tong Sen St.
New Bridge Rd.

ホン・リム・パーク
Hong Lim Park

ボート・キー
Boat Quay

シンガポール川
Singapore River

カヴェナ橋
Cavenagh Bridge

Upper Pickering St.

ピープルズ・パーク・
ショッピング・センター
People's Park Shopping Centre

パーク・ロイヤル・コレクション・ピッカリング
PARK ROYAL Collection Pickering

Upper Hokien St.

ワン・ラッフルズ・プレイス
One Raffles Place

チャイナタウン・ポイント
Chinatown Point

DT19 チャイナタウン
Chinatown

ホテルエイティーワンチャイナタウン
Hotel 81 Chinatown

ホテル・モノ P.163
Hotel Mono

オーキッド・チョップスティック P.118
Orchid Chopsticks

ペク・シン・チョーン P.89
Pek Sin Choon

ジェミニ Gemini P.118

プラナカン・タイル・ギャラリー P.151
Peranakan Tiles Gallery

モハメド・アリ・レーン
Mohamed Ali Lane

スリ・マリアマン寺院
Sri Mariamman Temple

シャンイー・アンティーク・ハウス P.118
Zhongyi Antique House

ヤムチャ・レストラン P.50
Yum Cha Restaurant

South Bridge Rd.

China St.

Church St.

ヤ・クン・カヤトースト P.30,33
Ya Kun Kaya Toast

ナム・シン・ヌードル・ハウス P.67
Nam Seng Noodles House

ファー・イースト・スクエア
Far East Square

Cross St.

DT18
テロック・アヤ
Telok Ayer

NS26 **EW14**
ラッフルズ・プレイス
Raffles Place

クリフォード・センター
Clifford Centre

MRTノースサウスライン
MRT North South Line

MRTダウンタウンライン
MRT Downtown Line

マーケット・ストリート・
フードセンター&カーパーク
Market Street &
Carpark

Raffles Quay

P.108トンヘン
Tong Heng

イー・チャプター P.151
a Chapter

Ann Siang St.

Amoy St.

シアン・ホッケン寺院 P.151
Thian Hock Keng Temple

スカーレット・シンガポール P.162
The Scarlet Singapore

ピーエス・カフェ・アット・アン・シャン・ヒル・パーク P.57
PS. Cafe at Ann Siang Hill Park

マックスウェル・
フード・センター P.49
Maxwell Food Centre

カダヤナルール St.
Kadayanallur St.

シンガポール・シティ・ギャラリー
Singapore City Gallery

テンテン・ハイナニーズ・チキンライス P.47
Tian Tian Hainanese Chicken Rice

アル・アブラー・モスク
Al Abrar Mosque

Cecil St.

Robinson Rd.

Central Blvd.

ラオ・パ・サ・
フェスティバル・マーケット
Lau Pa Sat Festival Market

アジア・スクエア・タワー
Asia Square Tower

DT17
ダウンタウン
Downtown

Telok Ayer St.

Maxwell Rd.

MRTイーストウエストライン
MRT East West Line

TE19
シェントン・ウェイ
Shenton Way

Shenton Way

EW15
タンジョン・パガー
Tanjong Pagar

178

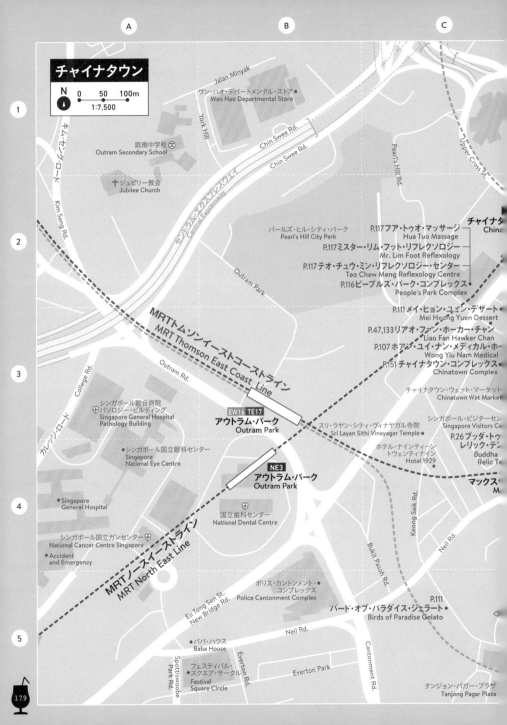

N

| 0 | 50 | 100m |

1:7,500

ワン・ハオ・デパートメンタル・ストア ●
Wan Hao Departmental Store

Jalan Minyak

York Hill

Chin Swee Rd.

Pearl's Hill Rd.

Upper Cross St.

欧南中学校 ⊗
Outram Secondary School

ジュビリー教会 ✝
Jubilee Church

キム・セン・ロード

Kim Seng Rd.

Central Expressway
セントラル・エクスプレスウェイ

バールズ・ヒル・シティ・パーク
Pearl's Hill City Park

Outram Park

チャイナ
China

P.117フア・トゥオ・マッサージ
Hua Tuo Massage

P.117ミスター・リム・フット・リフレクソロジー
Mr. Lim Foot Reflexology

P.117テオ・チュウ・ミン・リフレクソロジー・センター
Teo Chew Meng Reflexology Centre

P.116ピープルズ・パーク・コンプレックス ●
People's Park Complex

P.111 メイ・ヒョン・ユェン・デザート ●
Mei Heong Yuen Dessert

P.47,133リアオ・ファン・ホーカー・チャン
Liao Fan Hawker Chan

P.107ホアン・ユイ・ナン・メディカル・ホ
Wong Yiu Nam Medical

P.151 チャイナタウン・コンプレックス ●
Chinatown Complex

MRTトムソンイーストコーストライン
MRT Thomson East Coast Line

Outram Rd.

College Rd.

カレッジ・ロード

チャイナタウン・ウェット・マーケット
Chinatown Wet Market

シンガポール総合病院
パソロジー・ビルディング ⊞
Singapore General Hospital
Pathology Building

EW16 TE17
アウトラム・パーク
Outram Park

スリ・ラヤン・シティ・ヴィナヤガル寺院
Sri Layan Sithi Vinayagar Temple ●

シンガポール・ビジターセン
Singapore Visitors Ce

P.26ブッダ・トゥ
レリック・テン
Buddha
Relic Te

● シンガポール国立眼科センター
Singapore
National Eye Centre

NE3
アウトラム・パーク
Outram Park

ホテル・ナインティーン
トゥエンティナイン
Hotel 1929

マックス
M

● Singapore
General Hospital

国立歯科センター ⊞
National Dental Centre

Keong Saik Rd.

Neil Rd.

シンガポール国立ガンセンター ⊞
National Cancer Centre Singapore

MRTノースイーストライン
MRT North East Line

● Accident
and Emergency

ポリス・カントンメント・ ●
コンプレックス
Police Cantonment Complex

Bukit Pasoh Rd.

P.111
バード・オブ・パラダイス・ジェラート ●
Birds of Paradise Gelato

Eu Tong Sen St.
New Bridge Rd.

Neil Rd.

Cantonment Rd.

● ババ・ハウス
Baba House

フェスティバル・
スクエア・サークル
Festival
Square Circle

Spottiswoobe
Park Rd.

Everton Rd.

Everton Park

タンジョン・パガー・プラザ
Tanjong Pagar Plaza

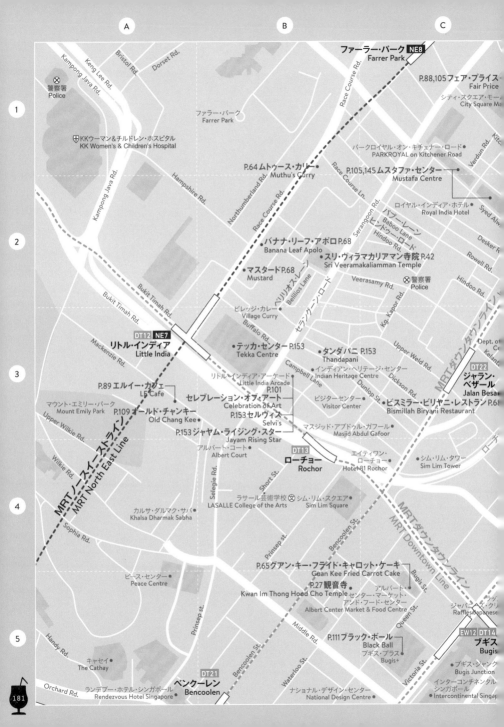

ファーラー・パーク `NE8`
Farrer Park

P.88,105 フェア・プライス
Fair Price

シティ・スクエア・モール
City Square Mall

警察署
Police

ファーラー・パーク
Farrer Park

KKウーマン&チルドレン・ホスピタル
KK Women's & Children's Hospital

パークロイヤル・オン・キチェナー・ロード
PARKROYAL on Kitchener Road

P.105,145 ムスタファ・センター
Mustafa Centre

P.64 ムトゥース・カリー
Muthu's Curry

ロイヤル・インディア・ホテル
Royal India Hotel

バナナ・リーフ・アポロ P.68
Banana Leaf Apolo

バブー・レーン
Baboo Lane

ヒンドゥー・ロード
Hindoo Rd.

スリ・ヴィラマカリアマン寺院 P.42
Sri Veeramakaliamman Temple

マスタード P.68
Mustard

警察署
Police

ビレッジ・カレー
Village Curry

タンダパニ P.153
Thandapani

テッカ・センター P.153
Tekka Centre

`DT12` `NE7`
リトル・インディア
Little India

インディアン・ヘリテージ・センター
Indian Heritage Centre

`DT22`
ジャラン・ベザール
Jalan Besar

リトル・インディア・アーケード
Little India Arcade
P.101

ビジター・センター
Visitor Center

P.89 エルイー・カフェ
L6 Cafe

セレブレーション・オブ・アート
Celebration of Art

ビスミラー・ビリヤニ・レストラン P.68
Bismillah Biryani Restaurant

マウント・エミリー・パーク
Mount Emily Park

P.109 オールド・チャンキー
Old Chang Kee

P.153 セルヴィス
Selvi's

マスジッド・アブドゥル・ガフール
Masjid Abdul Gafoor

P.153 ジャヤム・ライジング・スター
Jayam Rising Star

シム・リム・タワー
Sim Lim Tower

アルバート・コート
Albert Court

`DT13`
ローチョー
Rochor

エイティワン・ローチョー
Hotel 81 Rochor

ラサール芸術学校
LASALLE College of the Arts

シム・リム・スクエア
Sim Lim Square

カルサ・ダルマク・サバ
Khalsa Dharmak Sabha

P.65 グアン・キー・フライド・キャロット・ケーキ
Gean Kee Fried Carrot Cake

ピース・センター
Peace Center

P.27 観音寺
Kwan Im Thong Hood Cho Temple

アルバート・センター・マーケット・アンド・フード・センター
Albert Center Market & Food Centre

ジャパニーズ・クリ
Raffles Japanese

P.111 ブラック・ボール
Black Ball

`EW12` `DT14`
ブギス
Bugis

キャセイ
The Cathay

ブギス・プラス
Bugis+

ブギス・ジャンク
Bugis Junction

`DT21`
ベンクーレン
Bencoolen

ランデブー・ホテル・シンガポール
Rendezvous Hotel Singapore

ナショナル・デザイン・センター
National Design Centre

インターコンチネンタル・シンガポール
Intercontinental Singa

MRTノース・イースト・ライン
MRT North East Line

MRTダウンタウン・ライン
MRT Downtown Line

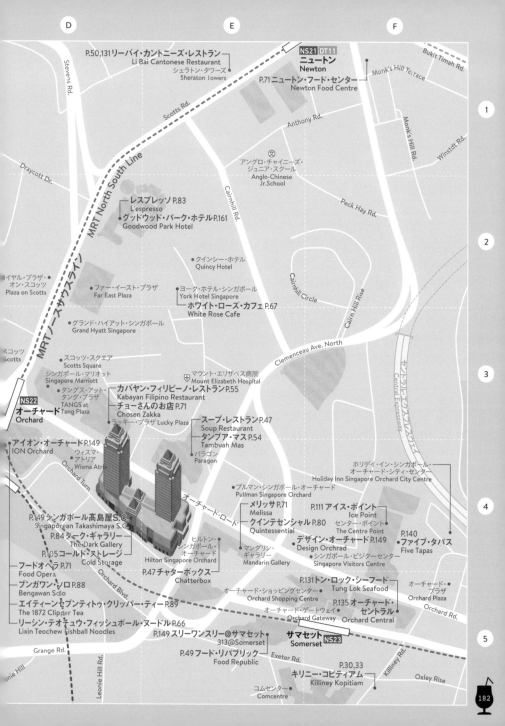

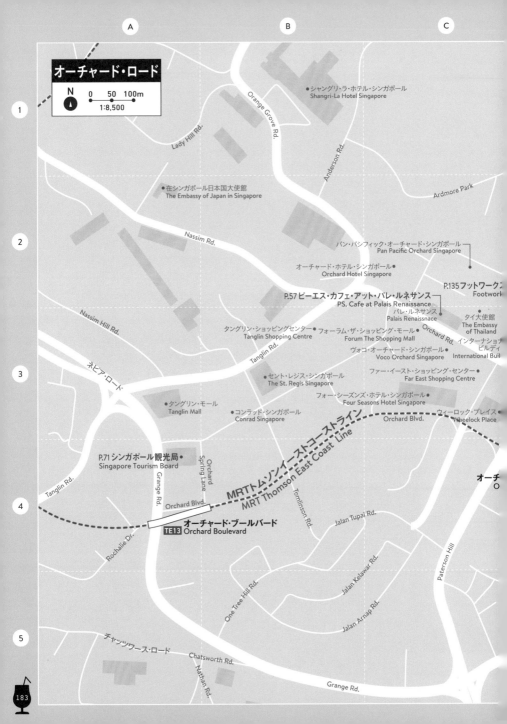

オーチャード・ロード

N

0　50　100m
1:8,500

● シャングリ・ラ・ホテル・シンガポール
Shangri-La Hotel Singapore

Orange Grove Rd.

Lady Hill Rd.

Anderson Rd.

Ardmore Park

● 在シンガポール日本国大使館
The Embassy of Japan in Singapore

Nassim Rd.

パン・パシフィック・オーチャード・シンガポール
Pan Pacific Orchard Singapore

オーチャード・ホテル・シンガポール ●
Orchard Hotel Singapore

P.135 フットワーク
Footwork

P.57 ピーエス・カフェ・アット・パレ・ルネサンス
PS. Cafe at Palais Renaissance

Nassim Hill Rd.

パレ・ルネサンス
Palais Renaissnace

タイ大使館
The Embassy
of Thailand

タングリン・ショッピングセンター ●
Tanglin Shopping Centre

● フォーラム・ザ・ショッピング・モール
Forum The Shopping Mall

Orchard Rd.

インターナショナ
International Buil
ビルディ

ヴォコ・オーチャード・シンガポール ●
Voco Orchard Singapore

Tanglin Rd.

● セント・レジス・シンガポール
The St. Regis Singapore

ファー・イースト・ショッピング・センター ●
Far East Shopping Centre

ネピア・ロード

フォー・シーズンズ・ホテル・シンガポール ●
Four Seasons Hotel Singapore

● タングリン・モール
Tanglin Mall

● コンラッド・シンガポール
Conrad Singapore

Orchard Blvd.

ウィーロック・プレイス
Wheelock Place

MRTトムソンイーストコーストライン
MRT Thomson East Coast Line

P.71 シンガポール観光局 ●
Singapore Tourism Board

オーチ
○

Tanglin Rd.

Orchard
Spring Lane

Grange Rd.

Orchard Blvd.

Tomlinson Rd.

Jalan Tupai Rd.

オーチャード・ブールバード
TE13 Orchard Boulevard

Rochalie Dr.

One Tree Hill Rd.

Jalan Kelawar Rd.

Jalan Arnap Rd.

Paterson Hill

チャッツワース・ロード
Chatsworth Rd.

Nathan Rd.

Grange Rd.

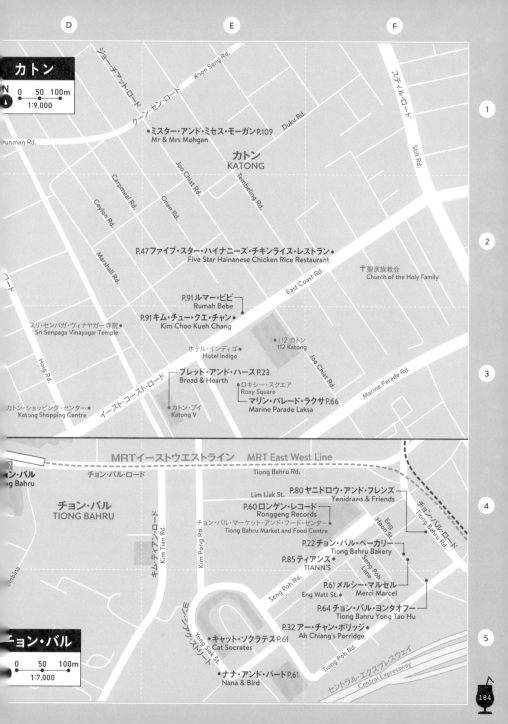

テロック・ブランガ駅 Telok Blangah
マウント・フェーバー駅 Mt. Faber Park
マウント・フェーバー・パーク Mt. Faber Park
オートラム・パーク駅

ケッペル・ゴルフ・クラブ
Keppel Golf Club

セントーサ島
N 0 250 400m
1:32,000

MRTサークルライン
MRT Circle Line

リフレクション・アット・ケッペル・ベイ
Reflections at Keppel Bay

NE1 CC29
ハーバーフロント
HarbourFront

MRTノースイーストライン
MRT North East Line

ケッペル・ハーバー
Keppel Harbour

ケッペル島
Keppel Island

ハーバーフロント
HarbourFront

S1 ビボ・シティ
Vivo City

シンガポール・ケーブルカー マウント・フェーバー・ライン
Singapore Cable Car Mount Faber Line
P.159

ビボ・シティ
Vivo City

セントーサ・エクスプレス
Sentosa Express

プラニ島
Pulau Blani

アドベンチャー・コーブ・ウォーターパークTM
Adventure Cove WaterparkTM
P.159

セントーサ・ボードウォーク
Sentosa Boardwalk

P.159 シンガポール・ケーブルカー
SIngapore Cable Car

シー・アクアリウム P.86
S.E.A. Aquarium

インビア・トレイル
Imbiah Trails

プラニ・ターミナル・ビルディング
Blani Terminal Building

シロソ・ポイント
Siloso Point

リゾート・ワールド S2
Resort World
セントーサ
Sentosa

グルメパーク P.159
Gourmet Park

センキル水道
Selat Sengkir

P.159 メガ・アドベンチャー
Mega Adventure

リゾート・ワールドTM・セントーサ
Resorts WorldTM Sentosa

シロソ・ビーチ
Siloso Beach

インビア・
ルックアウト
Imbiah Lookout

S3 インビア
Imbiah

ユニバーサル・スタジオ・シンガポール P.113
Universal Studios Singapore

P.159 スカイライン・
リュージュ・セントーサ
Skyline Luge Sentosa

アイ・フライ・シンガポール
iFly Singapore

セラポン・ゴルフ・コース
Serapong Golf Course

セラポン湖
Serapong Lake

P.63 コースツ
Coastes

S4 ビーチ
Beach

P.134 ウイングス・オブ・タイム
Wings of Time

パラワン島
Palawan Island

カペラ・シンガポール
Capella Singapore

Artillery Ave.

セントーサ島
Sentosa Island

パラダ
Paradise

パラワン・ビーチ
Palawan Beach

ソフィテル・スパ P.97
Sofitel Spa Allanbrooke Rd.

トレジャー
Treasure Isla

P.96 アウリガ・スパ
Auriga Spa

P.20 キッチン・テーブル
The Kitchen Table

ホテル・ソフィテル・シンガポール・セントーサ・リゾート&スパ
Hotel Sofitel Singapore Sentosa Resort & Spa

P.161 ダブリュー・シンガポール・セントーサ・コーブ
W Singapore - Sentosa Cove

Palawan Beach Walk

セントーサ・ゴルフ・クラブ
Sentosa Golf Club

タンジョン・ゴルフ・コー
Tanjong Golf Course

シンガポール海峡
Straits of Singapore

タンジョン・ビーチ・クラブ P.62
Tanjong Beach Club

タンジョン・ビーチ
Tanjong Beach

サンディー島
Sunday Island

パール島
Pearl Island

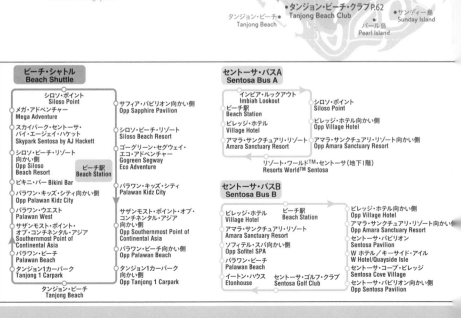

ビーチ・シャトル
Beach Shuttle

シロソ・ポイント
Siloso Point

メガ・アドベンチャー
Mega Adventure

スカイパーク・セントーサ・
バイ・エージェイ・ハケット
Skypark Sentosa by AJ Hackett

シロソ・ビーチ・リゾート
向かい側
Opp Siloso
Beach Resort

ビーチ駅
Beach Station

ビキニ・バー Bikini Bar

パラワン・キッズ・シティ向かい側
Opp Palawan Kidz City

パラワン・ウエスト
Palawan West

サザンモスト・ポイント・
オブ・コンチネンタル・アジア
Southernmost Point of
Continental Asia

パラワン・ビーチ
Palawan Beach

タンジョン1カーパーク
Tanjong 1 Carpark

タンジョン・ビーチ
Tanjong Beach

サフィア・パビリオン向かい側
Opp Sapphire Pavilion

シロソ・ビーチ・リゾート
Siloso Beach Resort

ゴーグリーン・セグウェイ・
エコ・アドベンチャー
Gogreen Segway
Eco Adventure

パラワン・キッズ・シティ
Palawan Kidz City

サザンモスト・ポイント・オブ・
コンチネンタル・アジア
向かい側
Opp Southernmost Point of
Continental Asia

パラワン・ビーチ向かい側
Opp Palawan Beach

タンジョン1カーパーク
向かい側
Opp Tanjong 1 Carpark

セントーサ・バスA
Sentosa Bus A

インビア・ルックアウト
Imbiah Lookout

ビーチ駅
Beach Station

ビレッジ・ホテル
Village Hotel

アマラ・サンクチュアリ・リゾート
Amara Sanctuary Resort

シロソ・ポイント
Siloso Point

ビレッジ・ホテル向かい側
Opp Village Hotel

アマラ・サンクチュアリ・リゾート向かい側
Opp Amara Sanctuary Resort

リゾート・ワールドTM・セントーサ (地下1階)
Resorts WorldTM Sentosa

セントーサ・バスB
Sentosa Bus B

ビレッジ・ホテル
Village Hotel

ビーチ駅
Beach Station

アマラ・サンクチュアリ・リゾート
Amara Sanctuary Resort

ソフィテル・スパ向かい側
Opp Sofitel SPA

パラワン・ビーチ
Palawan Beach

イートン・ハウス
Etonhouse

セントーサ・ゴルフ・クラブ
Sentosa Golf Club

ビレッジ・ホテル向かい側
Opp Village Hotel

アマラ・サンクチュアリ・リゾート向かい
Opp Amara Sanctuary Resort

セントーサ・パビリオン
Sentosa Pavilion

Wホテル／キーサイド・アイル
W Hotel/Quayside Isle

セントーサ・コーブ・ビレッジ
Sentosa Cove Village

セントーサ・パビリオン向かい側
Opp Sentosa Pavilion

24H *Singapore* guide INDEX

シンガポールガイド 24じかん

24H **Singapore** *guide* シンガポール

2024年6月30日 改訂2版第1刷発行

編 著　　　　　朝日新聞出版
発行者　　　　　片桐圭子
発行所　　　　　朝日新聞出版
　　　　　　　　〒104-8011　東京都中央区築地5−3−2
　　　　　　　　（お問い合わせ）
　　　　　　　　infojitsuyo@asahi.com
印刷所　　　　　大日本印刷株式会社
©2024 Asahi Shimbun Publications Inc.
Published in Japan by Asahi Shimbun Publications Inc.
ISBN　978-4-02-334760-1

編集制作　　　　有限会社グルーポ・ピコ
執筆　　　　　　有限会社グルーポ・ピコ
撮影　　　　　　田尻陽子、HIKARU、グルーポ・ピコ
現地コーディネート　Clozette Group（小林ジュリ、嶺岸歩、桑島千春）、
　　　　　　　　Jason Koh
表紙デザイン　　iroiroinc.（佐藤ジョウタ）
本文デザイン　　iroiroinc.（佐藤ジョウタ、香川サラサ）
イラスト　　　　chii（SMALL WEST GARDEN）
マップ　　　　　s-map
企画・編集　　　朝日新聞出版 生活・文化編集部（白方美樹）
Photo Credit　　Shutterstock.com、PIXTA